明智光秀劇場百一場

～「本能寺」への足取りを追う～

鳥越一朗

はじめに

日本史上最大のミステリーといえば、何といっても本能寺の変だろう。最高権力者を殺害し、自らが取って代わるクーデターとして、これほど見事に成功した例は他にみられない。しかも殺されたのは、歴史上の人物として一番人気といってもいい、天下の織田信長だ。その首謀者・明智光秀は、しかし、十日余りのちに羽柴秀吉の攻撃を受け、あっけなく命を落としてしまう。だから、彼がその犯行に及んだ真意は残されることがなかった。

古今、本能寺の変の原因について、怨念説、野望説、突発説、黒幕説、複合説など様々な説が唱えられてきたが、未だに定説と呼べるものはないようだ。

光秀の人柄についても、逆臣の汚名のもと（あるいは判官贔屓の立場から）、あることないこと書き立てられてきた感がある。今後もよほどの史料が出て来ない限り、こうした謎は明らかにならないであろう。

ただ、本能寺の変でのみ、取り上げられがちな光秀だが、前半生こそ謎に包まれているものの、信長と共に上洛してからの事績は、かなりの程度残されている。

人の人生は、誰であっても（波乱万丈であろうとなかろうと）ひとつの劇といえる。劇は「幕」と「場」からなる。すなわち、光秀の人生の「幕」と「場」は復元可能な部分が少なからずあるのだ。

私は思い立って、彼の人生劇の「場」を一つひとつ、可能な限り訪ねてみることにした。

現場に立ってこそ、見えてくるものが、必ずあるはずだからだ。

光秀の行動範囲は、秀吉や家康に比べればコンパクトだが、それでも今の都道府県で言えば、京都、滋賀、大阪、奈良、和歌山、福井、石川、岐阜、長野、群馬、静岡、愛知に及んでいる。しかも、その中身が濃い。

足利義昭・信長に従って上洛して以降、光秀は丹波平定をはじめ、金ヶ崎城の戦い、比叡山焼き打ち、槇島城の戦い、石山合戦、越前一向一揆攻め、上月城の戦い、有岡城の戦い、甲州征伐など、多くの歴史的な事件の場に立ち会っている。

また、「主役」である光秀の周りには、強烈な個性の脇役たちにも事欠かない。義昭、信長、秀吉、家康はもとより、朝倉義景、浅井長政、松永久秀、細川藤孝、荒木村重、佐久間信盛、柴田勝家、滝川一益、丹羽長秀、筒井順慶らがきら星のごとく、光秀の前に現れては様々な形で関わっていく。

そうした光秀の人生の「場」を地道に辿ることで、ひょっとしたら、ベールに包まれた光秀の人間性や、彼が生きた戦国という時代の息吹がほのかに立ち上ってくるのではないか。欲を言えば、本能寺の変の動機を自分なりに解釈し得るヒントがつかめるのではないか、と私は期待したのである。

本書のタイトルを「明智光秀劇場百一場」としたのは、そうした意味からであった。それでは、早速その幕を開けることにしよう。どうぞ、最後までお付き合いください。

目次

第一幕　上洛前

第一幕　上洛前　～1568.9

第一場　明智城～伝説の出生地～（岐阜県可児市）

人生劇の第一場と言えば、まずは誕生のシーンであろう。では、明智光秀《あけちみつひで》はどこで生まれたのか。永禄《えいろく》十一年（一五六八）に上洛するまでの光秀の前半生は、分からないことだらけなのだが、彼が美《み》濃国《ののくに》（岐阜県南部）の出身であることは、どうも確からしい。

禁裏御蔵職《きんりおくらしょく》の立入宗継《たてりむねつぐ》が書いた記録集『立入左京亮入道隆佐記《たてりさきょうのすけにゅうどうりゅうさき》』に、光秀について「美濃国の住人とき（土岐）の随分衆也」とあるからだ。しかし、属した氏族や具体的な生誕地、生年月日、父母の名前等は実のところはっきりしない（江戸時代につくられた光秀の系図が複数あるが、いずれも信頼に足るものではないようだ）。ただ、光秀の出生に纏《まつ》わる伝承はいくつか残されている。

『明智軍記』によると、光秀の出自は土岐《とき》氏の庶流・明智頼兼《よりかね》の後裔であり、明智氏は代々東美濃の明智城を根拠にしていたが、弘治《こうじ》二年（一五五六）九月、美濃の斉藤竜興《たつおき》に攻められ、光秀の叔父である明智城主・明智光安《みつやす》は戦死し、明智氏は亡んだ。しかし、この時城内にいた光秀は、光安の子・光春《みつはる》らとお家再興のため越前に逃れたとされる。

また、同書では、光秀の享年を五十五としており（辞世の句に「五十五年の夢」とある）、没年

明智城（長山城）本丸跡

から逆算すると、光秀は享禄《きょうろく》元年（一五二八）の生まれとなる（もっとも『当代記《とうだいき》』という史書では、光秀は数え六十七歳で死去したとしている）。

『明智軍記』は江戸時代に書かれた軍記物なので、全てを信用することはできないのだが（実際、明智城を攻めたとする斉藤竜興はこの時まだ八歳だから、父の義龍《よしたつ》との混同だろう）、現在、明智城址とされる場所が岐阜県内に二ヵ所存在する。

一つは可児《かに》市瀬田長山にある明智城（長山城）址だ。江戸期に書かれた地誌『美濃国諸旧記』には、康永《こうえい》元年（一三四二）、明智次郎頼兼《よりかね》が美濃国可児郡明智庄長山に明智城（長山城）を築いたとあり、文明から弘治の頃までの三代の城主として、明智駿河守《するがのかみ》光継《みつつぐ》、同子遠江守《とおとうみのかみ》光綱《みつつな》、其子十兵衛《じゅうべえ》光秀《みつひで》の名を記している。

『可児町史』では、『美濃国諸旧記』を元に光秀はこの地で生まれたとし、光秀の母親として、小浜の武田義統《よしむね》の妹と、揖斐《いび》の山岸貞秀の女の両説があると紹介している。

城址は、名鉄広見線明智駅から南へ約一・七キロ。標高百七十五メートル、比高（麓から山頂までの高さ）八十メートルの丘陵地の上にあり、一帯は明智城址公園として整備され、曲輪《くるわ》や馬場、見張り台、大手門の跡など多くの遺構が残る。

二の丸跡には、「七ツ塚」という真新しい石碑が立ち、弘治二年に斉藤氏に攻められた時、討ち死にした明智軍の七武将を葬ったものとしているが、『明智軍記』にある明智城はここだ、と強くアピールしているように見える。また、丘陵北麓の天竜寺（可児市瀬田一二四二）には、明智一族の墓のほか、高さ百八十四センチの光秀の巨大な位牌まである（ちなみに、これは位牌として日本一の大きさらしい）。

さて、もう一つの明智城址は、恵那《えな》市明智町城山にあり、最寄り駅は同じ明智駅でも、明知鉄道の明智駅だ。標高五三〇メートル（比高八十メートル）の丘陵地に、曲輪や土塁、竪堀《たてぼり》の跡などが残され、北麓にある龍護寺《りゅうごじ》には、「明智光秀公出生地」という碑と供養塔が立てられている。

この地では、光秀は明智城主・光隆《みつたか》（光綱）の子として、千畳敷と呼ばれる砦で生まれたとする。母は、

明智城光秀出生地碑（龍護寺）
〈写真提供：攻城団〉

姑に嫌われて離縁され、光秀を連れて若狭の小浜に移ったが、光秀は元服後、この地に戻り、学問と武術の修行に励んだという。

明智町には、他にも光秀の産湯井、学問所、母・お牧の方の墓などが残されているが、こちらの明智城（明知城／白鷹《しらたか》城）は、宝治《ほうじ》元年（一二四七）に遠山氏の始祖・遠山景重《とおやまかげしげ》が築いたとされ、その後も長く遠山氏の拠点であったから、光秀の生誕地とするには無理が多いようだ。ちなみに、後年光秀は信長と共に、武田氏に攻められたこの城の救援に向かっている（一一八頁参照）。

ほかに、岐阜市の北に接する山県《やまがた》市の中洞《なかほら》にも伝承が残る。ここでは、光秀は美濃国美山町中洞で、土岐美濃守の従臣・土岐四郎基頼と、同地の豪族中桐源左衛門の長女・お佐多との間に、大永《だいえい》六年（一五二六）八月十五日に生まれたとする。十一歳の時に美濃国可児郡の明智（長山）城主・明智光綱の養子になるが、弘治二年（一五五六）九月、明智城の落城により諸国への修行の旅に出たという。

面白いのは、山崎の合戦で死んだのは光秀の影武者で、本物の光秀は、その後荒深小五郎と名乗って中洞に住み、七十五歳の時、関ヶ原合戦に東軍側として参加するため出陣するが、その途上、増水

光秀の墓とされる桔梗塚（中洞白山神社）

した川に落ちて死んだとしているところだ。光秀生き残り伝説の一つである。当地の中洞白山神社には、光秀の墓碑と墓石があり、明智氏の家紋の桔梗《ききょう》にちなんで「桔梗塚」と呼ばれている。

以上、いずれももっともらしい話が伝わっているが、しかし、光秀が名族・明智氏に属し、明智城で生まれたという事実は、確かな史料では確認されていない。本能寺の変の首謀者は、その人生の第一場を濃いベールで隠したままなのである。

■明智城（長山城）　明智城址公園　岐阜県可児市瀬田長山
名鉄広見線明智駅から南へ徒歩二十五分
■明智城（明知城／白鷹城）　岐阜県恵那市明智町城山
明知鉄道明和線明智駅から東へ徒歩二十分
■中洞白山神社　岐阜県山県市中洞
ＪＲ東海道線岐阜駅から車で四十分

第二場　大桑城〜美濃国の守護・土岐氏に仕える〜（岐阜県山県市）

光秀は「とき（土岐）の随分衆也」という古文書の記録があることから、彼が土岐氏に仕えていた

古城山山頂にある大桑城ミニチュア模擬天守　〈写真提供：攻城団〉

こともどうやら確からしい。では、土岐《とき》氏とはどういう氏族であったのか。土岐氏は、清和源氏《せいわげんじ》系美濃源氏の嫡流《ちゃくりゅう》で、南北朝時代から美濃国の守護を務める名門であった。

最盛期の十四世紀半ばには、美濃に尾張、伊勢を加えた三国の守護大名になった。しかし、光秀が生まれる前後の永正《えいしょう》十四年（一五一七）、土岐頼武《よりたけ》・頼芸《よりのり》の兄弟間で跡目争いが起こる。土岐氏の家臣だった斎藤氏がそれに絡んで台頭し、頼芸を守護へと導くが、やがて両者は対立、天文十一年（一五四二）、斎藤氏の当主・斎藤道三《どうさん》は、頼芸の居城・大《おお》桑《が》城を攻めて、頼芸を尾張へ追放した。

道三と言えば、下剋上を繰り返し

て出世し、「美濃のマムシ」と恐れられた戦国の梟雄《きょうゆう》である。頼芸は尾張の織田信秀（信長の父）と越前の朝倉孝景《あさくらたかかげ》の支援を受け、対立していた頼武の子・頼純《よりずみ》とも連携して、何とか美濃国への復帰を果たした。

天文《てんぶん》十六年（一五四七）、信秀は道三の居城・稲葉山《いなばやま》城を攻撃するが、最終的に両人は和睦し、翌年、道三の娘・帰蝶《きちょう》（濃姫《のうひめ》）が信秀の嫡男・信長に嫁いだとされる。その結果、後ろ盾を失った頼芸は、天文二十一年（一五五二）、道三によって美濃国から追放され、土岐氏は滅亡した。この時、大桑城は道三の軍勢に焼き払われ、廃城となったようだ。

ところで、道三はほどなく息子の義龍に家督を譲るが、父子の関係はしだいに不和となり、弘治二年（一五五六）四月、長良川の戦いで両者はぶつかり、道三は戦死する。『明智軍記』の記述からすれば、明智城が斉藤義龍の子・竜興に攻められて落城し、光秀が越前に逃亡するのは、その五ヵ月後ということになる。

前述したように、竜興はこの時まだ子どもで、どうにもおかしな話なのだが、仮に竜興が義龍の誤りだとしたら、当時の美濃国の不安定な情勢からして、それはあり得たことかもしれない。

さて、大桑城は十三世紀の半ば、承久《じょうきゅう》の乱の功績により大桑郷を与えられた逸見義重の子・大桑又三郎が築いたとされ、のちに、同城は守護となった土岐氏の管轄下に置かれた。土岐氏は当初、本拠を一日市場館《ひといちばやかた》（美濃国土岐郡）に置いたが、その後長森城、川手城、福光館、枝広館《えだひろやかた》へと順次遷し、天文四年（一五三五）、枝広館が長良川の洪水で流されると、当主・頼芸は道三の勧めで、大桑城を居城としたのであった。

その大桑城を、若き日の光秀は、同氏の家臣として訪れることがあったのではないか。あるいは、土岐氏滅亡に至る一連の事件によって、彼はその後の人生に大きな影響を受けたのかもしれない。

光秀が本能寺の変の直前に催した愛宕百韻《あたごひゃくいん》で、彼が詠んだ句「時は今あめが下しる五月哉」の「時」は「土岐」を意味し、土岐氏の再興を誓ったものと解釈もされるが、光秀の土岐氏に対する帰属意識はどれほどのものだったのだろう。

ちなみに、美濃国を追われた頼芸は、その後近江《おうみ》国、常陸《ひたち》国、上総《あずさ》国を経て、最後は甲斐《かい》の武田氏の預かりとなり、天正十年（一五八二）の、信長が武田氏を攻めた甲州征伐の際、織田軍によって発見され、美濃三人衆の一人、稲葉一鉄《いなばいってつ》の計らいで美濃国へ帰還し、半年後に死んだという。甲州征伐に参加した光秀が、ひょっとして、土岐氏のラストエンペラーに「再会」していたとしたらどうであろうか。光秀は頼芸から何かを託され、それが半年後の本能寺の変に繋がった、と考えるのも歴史推理としては面白い。

大桑城址は標高四百八メートル（比高三百四十五メートル）の古城山の山頂にある。光秀出生の伝承がある中洞地区から、武儀川《むぎがわ》をはさんで西に二キロほどの位置だ。現在はミニチュア模擬天守が復元され、曲輪、石積み、土塁、堀切、竪堀、井戸などの遺構が見られる。

■大桑城址　岐阜県山県市大桑洞古城山
ＪＲ東海道線岐阜駅から岐阜バス岐阜高富線で「山県市役所」下車、ハーバス大桑線に乗り換え「幸報苑」下車、徒歩七十分

第三場　妻木城～有力土豪の娘を娶る～（岐阜県土岐市）

成長した光秀は、美濃国の妻木氏から正室を娶ったとされる。それはたぶん、光秀がまだ美濃国にいた頃のことだろう。妻木氏は明智氏と同様、土岐氏の庶流であり、光秀の妻・熙子《ひろこ》は、十二代目当主・妻木広忠《つまきひろただ》の娘だったとされる（広忠の弟・範熙《のりひろ》の娘とも）。

ところで、光秀に関して、ポルトガルの宣教師ルイス・フロイスは、自著『日本史』の中で「もとより高貴の出ではなく」と紹介しており、丹波国籾井《もみい》氏が著した『籾井家日記』には「明智十兵衛という族姓も知らぬもの」という記述がある。

また、光秀本人も、天正九年（一五八一）に定めた『家中軍法』の末尾に「石ころのような存在から召し出され」と信長への感謝の気持ちとともに、自らの出自をほのめかしている。

しかし、熙子の父・広忠は、三河・尾張・美濃三国の国境付近にある妻木城の城主だった。同城は、標高四百七メートル（比高百九十メートル）の城山の山頂にあり、十四世紀の半ばに土岐頼重《よりしげ》が築城したといわれる。

後年、明智氏が入ったのち、妻木氏の居城となったようだが、その妻木氏と縁組を持ったということは、光秀の出所もそれなりの身分だったのではなかろうか。前に紹介した「とき(土岐)の随分衆(身分の高い人)也」という記録が、ここで信憑性を帯びてくるのである。仮に光秀が、フロイスや籾井氏の言うような低い身分の出であったなら、努力を重ねてお嬢様をゲットできるほどの、能力と将来性をすでに身に付けていたということだろう。

妻木城址の石垣跡　〈写真提供：攻城団〉

さて、光秀の女性観として、こんな有名な逸話がある。光秀と熙子の婚礼が間近となった頃、熙子が疱瘡（天然痘）にかかり、美貌の顔があばたになってしまう。妻木氏は申し訳なく思って、代わりに熙子と瓜二つの妹を嫁がせようとしたが、光秀はそれを見破り、「容貌は歳月や病気でどうにでも変わるもの。ただ変わらぬものは心の美しさである」として、妹を送り返し、約束通り熙子を妻に迎えた。そして、生涯側室を置かず、熙子だけを伴侶とした、というものである。

もっとも、熙子のあばたは大したものではなかったのか、光秀と結婚後、その美貌を聞きつけた信長が、彼女を出仕させ、長廊下で待ち伏せして後ろから抱きついたという話もある。熙子は信長と知らずに扇でしたたかに打ち、事なきを得たようだが。

ともあれ、そんなフェミニストな光秀であったなら、婚約時代からたびたびこの城に足を運んだのかもしれない（ちなみに、可児市の明智城から土岐市の妻木城までは、南西に二十キロ近い距離がある）。広忠も光秀に信頼を寄せ、光秀が信長の元で出世してのちは、彼の家臣となった。天正十年（一五八二）六月十三日に山崎の合戦で光秀が敗れると、広忠は同月十八日に近江の西教寺《さいきょうじ》で一族の墓をつくったあと、墓の前で自刃したという。

妻木城は、その後広忠の跡を継いだ彼の孫・頼忠《よりただ》が守り続け、江戸時代に入って、城山の北麓に妻木城士屋敷を築き移り住んだが、十七世紀半ばに妻木氏の断絶により、城郭ともども放棄された。

現在、山上の城址には、石垣、曲輪、土塁などの遺構が整備され、麓の屋敷址にも石垣、井戸跡、庭園跡、門跡などが見られる。また、妻木城址から一キロほど北にある崇禅寺《そうぜんじ》は、十四世紀半ばに創建された妻木氏の菩提寺で、同寺の山門は、妻木城士屋敷から移築されたものとされる。

崇禅寺山門　〈写真提供：攻城団〉

■妻木城址　岐阜県土岐市妻木町
東海環状自動車道土岐南多治見ＩＣから南へ車で十五分

第四場　称念寺～越前で下積み修養する～（福井県坂井市）

『明智軍記』によると、光秀は明智城を脱出したあと、越前に入り縁故のあった称念寺《しょうねんじ》の僧に妻子を預け、諸国遍歴に出立して、永禄《えいろく》五年（一五六二）に帰国したとある。しかし、諸国遍歴では、名だたる武家の軍事・政治を視察したことになっているが、歴史的に見て首をかしげるような記述が多く（死んでいるはずの今川義元《いまがわよしもと》が出てきたりする）、フィクションである可能性が大きい。

ただ、光秀が越前にいたことは確かなようで、次のような伝承も残されている。明智城の落城により同城を脱出した光秀は、身重の熙子を背負い、美濃国郡上《ぐじょう》郡から油坂《あぶらさか》峠（現・国道百五十八号線）を越えて越前へ入り、朝倉《あさくら》氏に仕官を求めた。

しかし、すぐには叶わず、仕官するまでの間、称念寺の園阿上人《えんあしょうにん》の好意で、同寺の門前に仮住まいしたというものだ（園阿上人は、光秀の叔父・光安と昵懇《じっこん》であり、明智城が落城する時、光安が光秀に園阿上人を頼るよう伝えたとされる）。

油坂峠（文字通り脂汗を流すほどの難所であった）を越えると、穴馬《あなま》（福井県大野市）を経て、朝倉館のある一乗谷《いちじょうだに》に出るが、称念寺はそこからさらに二十キロほど北上しなければならない。明智城からだと優に二百キロ近くはあり、それを光秀は、家族を伴って踏破したことになる。

やっと確保した仮住まいだが、称念寺の辺りは、日本有数の豪雪地帯であり、そこでの冬の暮らしは、さぞ厳しいものであったろう。

光秀と称念寺の関係は、『遊行三十一祖　京畿御修行記』という文書で裏付けられている。天正七

称念寺境内にある芭蕉の句碑　〈写真提供：ニッポン城めぐり〉

年（一五七九）から八年にかけて、相模《さがみ》国藤沢にある遊《ゆ》行《ぎょう》寺《じ》の同念上人が、京都・奈良を遊行した際、称念寺の僧を坂本城の光秀の元に派遣し、奈良で修業したいので、光秀配下の大和《やまと》筒井《つつい》城主・筒井順慶《じゅんけい》への紹介状をいただきたいと要請した。

光秀は、朝倉義景を頼って、称念寺門前に十ヵ年居住していたので、大変懐かしがり、使いの称念寺の僧をしばらく坂本に引き留めた。そして、同念上人は光秀から順慶への口添えにより、奈良での修行が無事果たせた、というのである。

称念寺門前で暮らした下積み時代を、今や出世して坂本城主となっていた光秀は、しみじみと思い起こし、同寺の僧に対して、下にも置かぬもてなしをしたのだろう。

称念寺には、光秀の妻・熙子にまつわる逸話も残されている。当時は貧しかった光秀だが、すでに文化的教養があり、連歌会《れんがえ》を催すこともたびたびであった。ある連歌会の際、熙子は夫に恥をかかせないために、女の命である黒髪を売って金をつくり、客人の酒肴《しゅこう》を用意した。

光秀は、そんな熙子に感謝し、「そなたを五十日のうちに輿《こし》にも乗るような身分にしよう」と言って、遠からずその思いをかなえ、終生妻へのいたわりを欠かさなかったという。

俳人・松尾芭蕉《ばしょう》は、「奥の細道」を旅する途上、越前丸岡でこの話を聞き、伊勢の門人・山田又玄《ゆうげん》宅に立ち寄った時、世話になった妻女に次のような句を贈っている。

「月さびよ　明智が妻の　咄《はなし》せむ」

才能がありながら不遇の又玄を健気に支え、心を込めて旅中の自分をもてなしてくれた又玄の妻に、芭蕉はふと熙子の姿を重ねたものらしい。本能寺の変で逆臣の汚名を着せられた光秀であったが、丸岡の地では、百年余りたった芭蕉の時代においても、光秀夫妻の美談が語り継がれていたのだ。

称念寺は養老五年（七二一）、白山を開いた修験道の僧・泰澄《たいちょう》によって創建され、鎌倉時代になって時宗に改められた。建武の新政の立役者の一人、新田義貞《にったよしさだ》は、もう一人の立役者、足利尊氏と対立し、越前藤島で戦死するが、その遺骸はこの寺に運ばれたといわれ、境内には義貞の墓がある。

教養ある光秀のことだから、義貞の波乱に満ちた生涯について、当然承知していただろう。光秀が白山信仰に心酔したとはとても思えないが、下積み生活という身であれば、毎朝白山に向かって何事か願をかけ、当時は朝敵とされていた義貞の墓前に手を合わせるぐらいのことはしていたかもしれない。

■称念寺　福井県坂井市丸岡町長崎一九・一七
ＪＲ北陸本線丸岡駅から本丸岡行き京福バスで「舟寄」下車、徒歩十分

第五場　明智神社～朝倉義景に仕官が叶う～（福井県福井市）

称念寺で貧乏生活をしていた光秀は、朝倉義景《よしかげ》への仕官が叶うと、朝倉氏の本拠・一乗谷《いちじょうだに》への西の入口に当たる東大味《ひがしおおみ》に屋敷を構え、同寺から移り住んだといわれる。近くには朝倉街道（現・福井県道二百三十八号線）が走り、一乗谷へは、小さな峠を挟んで四キロほどで通じていた。

光秀はこの道を通って、日々義景の元へ出仕したのだろうか。ちなみに一乗谷は、山城である一乗谷城と、麓の朝倉館及び城下町から成っていた（戦国時代、武将たちは、戦いの時には守りやすく攻めにくい山城に立てこもるが、平時には麓に築いた居館で、家族と共に暮らすことが一般的だったという）。義景の重臣たちは城下町に住んでいたが、仕官間もない光秀は、そこへは住まわせてもらえなかったようだ。

ところで、越前の朝倉氏は、南北朝時代に足利氏の一門である斯波《しば》氏に仕えたのが始まりとされ、応仁の乱のさ中、朝倉孝景《たかかげ》（七代当主）が斯波氏に代わって越前国の守護となった。一乗谷城は、文明三年（一四七一）に孝景が築いたとされる。

義景は越前朝倉氏の十一代当主で、天文二年（一五三三）の生まれであるから、光秀よりは年下である。しかし、天下の越前国の守護に仕えることで、光秀の生活は安定したことだろう。光秀の三女（四女とも）・玉（のちの細川ガラシャ）はここで生まれたといわれる。

玉の生年は、永禄六年（一五六三）とされるが、『明智軍記』によると、永禄五年に諸国遍歴から越前に帰国した光秀は、義景への仕官が叶い、五百貫文の知行を与えられ、その翌年には、義景の所望により鉄砲の演習を行い、義景から鉄砲寄子百人を預けられたとある。

例によって、この記述はあてにならないようだが、玉が生まれた頃には、光秀は越前で頭角を現しつつあったのかもしれない。永禄五年当時、越前は比較的平和な時代で、義景は一乗谷の景勝地に京の公家を何人も招いて、曲水の宴を催したりしている。

光秀も妻と三人の娘に囲まれ、東大味で充実した生活を送っていたのではないか（光秀に最初の男子が生まれるのは、上洛後のことと考えられている）。当然、地域との関わりも深まっていったであろう。

時間は下って、それから十年ほどたった天正《てんしょう》元年（一五七三）八月、織田信長が朝倉氏を亡ぼすべく越前に攻め入り、一乗谷一帯は三日三晩戦火に包まれた。東大味の武家屋敷にも戦火が迫ったが、信長の重臣となっていた光秀の尽力で、当

明智神社の祠

地は戦火を免れたらしい。

また、天正三年（一五七五）八月の、織田軍による越前一向一揆攻めの際には、柴田勝家が東大味地区に兵を送り込もうとしたので、光秀は住民を守るため、同僚の勝家に（乱暴を働かないよう）申し入れをしたといわれる。勝家はそれを受け、当集落に安堵状を発給したようだ。

そうした光秀の配慮を恩に感じて、光秀の敗死から今日まで四百年以上も、地元の三軒の農家が、明智神社（といっても小さな祠だが）と、そこに安置された高さ十三センチという小さな光秀の木像を守り続けているのだそうだ。光秀の落命日である六月十三日には、毎年彼の遺徳を偲んで祭礼が行われ、光秀の木像が開帳される。

■明智神社　福井県福井市東大味町
北陸自動車道福井ＩＣから車で四十分

第六場　一乗谷朝倉館～朝倉氏の元で足利義昭に仕える～（福井県福井市）

足利義昭《あしかがよしあき》が、越前一乗谷の朝倉義景に迎えられたのは、永禄十年（一五六七）十一月二十一日の深夜のこととされる。これにより光秀は、義昭と彼に付き従っていた細川藤孝《ふじたか》の知遇を得たようである。

上方から眺めた一乗谷朝倉館跡

ところで、ここに至るまでの義昭の経歴は、どのようなものであったのか。

義昭は、天文六年（一五三七）十一月三日、室町幕府十二代将軍・足利義《よし》晴《はる》の子として生まれる。嫡子でなかったことから、五歳の時、奈良で仏門（興福寺一乗院門跡）に入り、覚慶《かくけい》と名乗った。ところが、永禄八年（一五六五）五月、一つ違いの同母兄の十三代将軍・義輝《よしてる》が、松永久通《ひさみち》（松永久秀《ひさひで》の息子）や三好三人衆らによって暗殺される事件が起こった（永禄の変）。

義昭は久秀によって、一旦興福寺に幽閉されるが、細川藤孝ら義輝側近の助力を得て七月二十八日に脱出し、ひとまず、義輝の幕臣であった和田惟政《これまさ》の居城、和田城（滋賀県甲賀市）へ身を置いた。ここで義昭は、足利将軍家の当主となることを敢然と宣言する。

この時、義昭二十八歳。おそらくは僧侶として人生を終えるものと思い定めていたはずである。そこへ降って湧いたような、予想外の事態に、生来の負けん気が頭をもたげたのだろう。

同年十一月二十一日には近江の守護、六角《ろっかく》氏の治める矢島《やじま》（滋賀県守山市）に移り、翌年二月そこで還俗して名を覚慶から義秋に改めた。翌永禄九年（一五六六）八月、義昭は若狭の武田氏の元へ移るが、この間、彼は全国の有力武将らに書状を送り、上洛への協力を呼び掛けている。

主な宛先を上げると、武田信玄（甲斐）、毛利元就《もとなり》（安芸《あき》）、北条氏康《うじやす》（相模）、由良成繁《なりしげ》（上野《こうずけ》）、荻野直正（丹波）、根来寺《ねごろじ》（紀伊）、織田信長（尾張）、松平家康（三河）、上杉輝虎《てるとら》（謙信《けんしん》／越後）、朝倉義景（越前）、武田義統《よしむね》（若狭）、顕如《けんにょ》（大坂）、島津貴久《たかひさ》・義久《よしひさ》（薩摩）など、錚々《そうそう》たる顔ぶれである。義昭の、幕府再興への執念が感じられよう。

ただ、いずれも国内に問題を抱えるなどして、受け入れてもらえず、義昭は各地を転々とした挙句、越前の朝倉義景の元に行きついたのであった。永禄九年九月にまず敦賀に入り、一年二ヵ月後に一乗谷に移ったのである。

さて光秀は、越前で義昭とどのような関係を結ぶことになったのであろうか。『光源院殿御代当参集并足軽以下衆覚』という文書には、永禄十年頃の義昭の「足軽衆」の中に「明智」の名が見られ、光秀である可能性が高いようだ。

ここでいう「足軽」とは「アシガール」のようないわゆる歩兵とは異なり、将軍に徒歩で随行し警固する役回りだったようである（小和田哲男監修『明智光秀の生涯と丹波　福知山』）。ともあれ、光秀は義昭の越前寄寓中から、義昭と主従関係にあったのだ（ちなみに藤孝は「御供衆《おともしゅう》」という足軽衆よりは数段上の役職に名が上げられていた）。

一乗谷における義昭の御所は、南側の高台にある安養寺《あんようじ》に設けられていた。義景は、遊芸を好み、一乗谷は、京都の貴族屋敷のような華やかな建物が立ち並び、「北国の小京都」と呼ばれるほどであった。

義昭が一乗谷に住まいしたのは九ヵ月程度であったが、その間義景は、糸桜の咲く館内の南陽寺庭園で、歌会を催すなど、たびたび義昭をもてなしたようだ（義昭は義昭で、義景の母を従二位に叙することに便宜を図っている）。

そうした場に光秀が同席することがあったのかもしれない。そんな時こそ、彼がそれまで苦労して培ってきた教養がものを言って、義昭や藤孝の覚えを愛でたくしたのではないか。

さて、栄華を極めた一乗谷の朝倉館だが、天正元年（一五七三）八月、織田信長の攻撃を受け、義昭の御所のあった安養寺ともども灰燼《かいじん》に帰す（安養寺はその後移転して、福井県福井市足場一丁目に現存する）。義景は自刃し朝倉氏は滅亡、その後、一乗谷は信長の支配下になったが、信長から越前八郡を与えられた柴田勝家が北ノ庄城を築城すると、朝倉館は打ち捨てられ、田畑の下に埋もれてしまった。

昭和四十二年（一九六七）、発掘調査により建物や庭園など多くの遺跡が四百年ぶりに出現し、同四十七年には一帯が史跡公園として整備された。

北陸本線の越前花堂駅から、単線の越美北線（九頭竜線）に乗り、五つ目の駅、「一乗谷」で下車。レンタサイクル（一乗谷駅近くにある一乗谷朝倉氏遺跡資料館で借りることができる）で五分ほど走れば、史跡公園に到着する。一つの大きな谷がまるごと遺跡に覆われたその風景は壮観というほかない。朝倉氏と光秀の関わりに思いを馳せながら、ゆったりと時を過ごすのも悪くなかろう。

■一乗谷朝倉氏遺跡　福井県福井市城戸ノ内町
ＪＲ越美線一乗谷駅から徒歩15分
ＪＲ北陸本線福井駅から一乗谷朝倉特急バスで「復原町並」下車すぐ

第七場　岐阜城～義昭と信長の間を取り持つ～（岐阜県岐阜市）

さて、いよいよ信長の登場である。『明智軍記』によると、光秀は永禄九年（一五六六）、朝倉家内で讒言《ざんげん》を受け、また仇敵の斉藤竜興が義景を頼ってきたため、暇《いとま》を請い、同年十月九日、信長を頼って岐阜城に到着、信長から四千五百貫の土地を拝領したとされる。

しかし、竜興が義景を頼ったのははるかのちのことであり、信長が斎藤竜興を逐って、稲葉山城を手に入れ岐阜城とするのは永禄十年のことであるから、全く話が合わない。光秀が信長に近づくのは、永禄十一年（一五六八）の夏以降、義昭上洛の協力を得るため調整を図る段になってからのようだ。

義昭は朝倉義景を頼って、上洛を果たそうとしたが、義景の腰は重かった。当時の義景は文弱に流

岐阜城遠望

れ、また嫡男・阿君丸《くまぎみまる》が急死（毒殺とも）したこともあって、上洛どころではなかったらしい。義昭と藤孝はそんな義景を見限り、隣国の信長に目を向けた。

信長は、尾張の織田《おだ》弾正忠《だんじょうのじょう》家《け》の当主・織田信秀《のぶひで》の子として、天文三年（一五三四）に生まれている。永禄三年（一五六〇）、桶狭間の戦いで今川義元を破り、三河国の松平元康《もとやす》（徳川家康）と同盟を結び、永禄八年には尾張を平定した。

そして、その二年後には対立していた美濃国の斉藤氏を駆逐し、尾張・美濃の二国を領する戦国大名となる。実は永禄九年（一五六六）にも、信長は義昭の要請を受けて上洛計画を持ったことがあったが、斉藤氏との争いで頓挫《とんざ》していたのだった。

態勢の整った信長は、再び義昭への協力に乗り出す。そのお膳立てをしたのが、細川藤孝と光秀だった。藤孝は十三代将軍・足利義輝の幕臣であったが、永禄の変で義輝が暗殺されて以降、義昭に奈良脱出の時から献身的に仕えていた。

藤孝と光秀の関係であるが、光秀について『多聞院日記《たもんいんにっき》』（奈良興福寺の塔頭《たっちゅう》・多聞院の僧によって書き継がれた日記）に「藤孝の中間《ちゅうげん》（奉公人）であった者を信長が引き立て」とあり、フロイスの『日本史』には「義昭に仕える兵部太夫《ひょうぶたゆう》（藤孝）に奉仕していたが、信長の寵愛を受けるようになり云々」と書かれていて、光秀がこの頃藤孝に仕える身であったことは間違いないようだ。

光秀は越前で義景に仕官しつつ、新たな主君（義昭・藤孝）を持ったということだが、あながち、それは義景の指示であったかもしれない。ともあれ、光秀は、義昭・藤孝の命を受け、信長のいる岐阜城にたびたび足を運んだようなのである（『細川家記』）

光秀の信長に対する第一印象はどうであったか。当時、信長は三十四歳。光秀は四十歳（もしくは五十二歳）で、自分よりも若い新進気鋭の武将に、彼は運命を感じたかどうか。一方の信長にとって、美濃出身の光秀は、まずは情報・人脈の面で使いでのある人物であったのかもしれない。

岐阜城は建仁《けんにん》元年（一二〇一）、鎌倉時代の公家・二階堂行政《にかいどうゆきまさ》が金華山《きんかざん》（稲荷山）の山頂に砦を築いたのが始まりとされる。その後、十五世紀半ばには斎藤氏の居城となるが、前述のとおり永禄十年、信長に落とされ、美濃を手に入れた信長は、本拠地を小牧城からここへ移したのだった。

天正四年（一五七六）、信長が安土城を築き、そちらに移ると、岐阜城は嫡男の信忠《のぶただ》に譲られた。本能寺の変で信忠が死んだのちも同城は存続したが、徳川時代の初め頃、廃城となった。

岐阜城のある金華山は、標高三百二十九メートル（比高三百メートル）の、歩いて上がるには険しい山だ。西麓の岐阜公園から山頂の城姿を眺めるだけで、気が萎えてしまいそうになる。だが、心配は不要。光秀には申し訳ないが、現在はロープウェイで労せずに上がることができるのだ。山頂には、鉄筋コンクリート造りの復興天守と、古文書・武具・刀剣などを展示する岐阜城資料館などがあり、歴史ファンで賑わう。

なお、金華山の北側には鵜飼《うかい》で有名な長良川が流れ、信長に攻められた時、竜興は船で長良川を下って伊勢長島へ逃亡したといわれる。

■岐阜城　岐阜県岐阜市金華山天主閣一八
JR東海道線岐阜駅（名鉄岐阜駅）から岐阜バス長良橋方面行または市内ループ線左回りで「岐阜公園・歴史博物館前」下車、金華山ロープウェイに乗り「山頂駅」から徒歩八分

第八場　立政寺～信長と共に義昭を迎える～（岐阜県岐阜市）

光秀と藤孝の尽力により、信長の支援を得て、義昭の上洛が叶うことになった。それにしても、光秀の政治的な調整能力は大したものである。義昭が一乗谷にいたのはわずか九ヵ月。光秀のそうした

立政寺（上）と境内にある義昭御座所跡碑（下）

能力は、一乗谷で義昭や藤孝と出会う前に、すでに培われていたと考えるほかない（『明智軍記』にある諸国遍歴も、満更嘘でもないように思えてくる）。

ともあれ、永禄十一年（一五六八）七月十六日、義昭は越前一乗谷を出て美濃に向かった。それまで義昭の面倒を見てきた朝倉義景は、一応引き留めたようだが、実のところは、肩の荷を下ろす思いだったのではないか。

義昭はこの年の四月十五日、京都か

ら前関白・二条晴良《はるよし》を呼び、三十歳にして元服式を行い、名を義秋から義昭に改めた。この時、加冠役を務めたのは義景だった。また義景は、美濃に向かう義昭の一行を、近江との国境まで家臣に二千の兵を付けて送らせている。

こうした義景から受けた恩義に、義昭は出立に際して、感謝の気持ちを表したという。その言葉を義景は、恐悦して承ったことだろう。しかし、わずか五年後に、義昭を引き渡した信長によって、一乗谷の居館もろとも滅ぼされてしまおうとは、夢だに思わなかったに違いない。

さて、『細川家記』によると、越前一乗谷を出た義昭は、北陸道を南下して近江に入り、浅井長政《あざいながまさ》の出迎えを受けると、彼の居城である小谷城《おだにじょう》（滋賀県長浜市湖北町伊部）に立ち寄った。浅井氏は朝倉氏とかねてから同盟関係にあり、また織田氏とも前年に同盟を結んでいたので、義昭の宿泊場所としてふさわしかったのだろう。

ちなみに、織田との同盟に際して長政は、信長の妹・お市の方を正室に迎えている。初々しい新妻のお市の方は、義昭一行を笑顔で出迎えたことだろう。長政とお市の方の間に長女・茶々（のちの淀殿）はまだ生まれていない。光秀はしかし、そんなお市の方を目にすることはなかった。彼は義昭に先んじ、すでに美濃入りしていたのだ。

小谷城を出た義昭は南下し、東山道《とうさんどう》を東に向かい、伊吹山《いぶきやま》を左手に見ながら美濃国に入ったのだろう、七月二十五日に美濃西庄の立政寺《りゅうしょうじ》に到着した。光秀は美濃入りした義昭一行を、仏ヶ原において五百余人で出迎えたという。立政寺は岐阜城から六キロほど西にあり、信長は二十七日にそこまで出向いて義昭と体面し、太刀や鎧、武具、馬などを義昭に進上した。この歴史的場面の傍らに、目を細めた光秀の姿があったのではないか。

信長は同月二十九日、越後国の上杉輝虎（謙信）に、義昭を奉じて上洛する決意であることを伝えている（『志賀慎太郎所蔵文書』）。義昭から再三にわたって、上洛への協力を呼び掛けられていた謙信に対し、同じ立場の武将として仁義を切ったものだろう。

信長側で義昭を出迎えた光秀は、この時点で信長との関係を相当深めていたように思われる。実は信長と光秀は姻戚関係にあったとする説がある。信長は、斎藤道三の娘・帰蝶を正室に迎えるが、帰蝶の母である小見《おみ》の方は光秀の叔母で、光秀と帰蝶は従兄妹同士というものである。真偽は不明だが、その後光秀は、義昭と信長の両方に属する立場になっていく。

立政寺は浄土宗西山禅林寺派の寺院で、十四世紀の半ば、智通《ちつう》上人が伊勢参拝の帰りにこの地に立ち寄り、念仏苦行を行ったのが始まりとされる。現在は、住宅街の中にひっそりと佇み、戦国史の舞台であったことを想像することはもはや難しい（おそらく、大方の人はそれと知らずに通り過ぎているのではないか）。

ところで、慶長《けいちょう》十四年（一六〇九）頃、落語の祖として有名な安楽庵策伝《あんらくあんさくでん》がここに滞在したと伝わる。策伝は、信長に仕えた武将・金森長近《かなもりながちか》の弟でもある。長近は柴田勝家の配下として、越前一向一揆との戦いなどで、光秀と行動を共にした。

■立政寺　岐阜県岐阜市西荘三丁目七・一一
ＪＲ東海道線西岐阜駅から北へ徒歩五分

第九場　桑実寺～上洛に際し、信長と義昭が落ち合う～（滋賀県近江八幡市）

義昭が美濃入りして二ヵ月後の永禄十一年（一五六八）九月、信長はいよいよ義昭を奉じて上洛を挙行しようとする。しかし、それを阻む勢力が東近江に控えていた。近江守護を務める六角承禎《ろっかくじょうてい》だ。信長は承禎に、協力してくれれば、京都所司代に任命するという義昭の言葉を示して説得に努めたが、承禎はそれを拒否した。一説には、京都を牛耳る三好三人衆が、信長に対抗するよう承禎に働きかけていたともいわれる。

九月七日、信長は尾張・美濃の兵六万を率いて岐阜を出発、東山道を西に進んで東近江に入り、同月十二日の夕刻に六角氏の守る箕作《みつくり》城を攻めた。この時の織田軍には、佐久間信盛《さくまのぶもり》、木下藤吉郎（秀吉）、丹羽長秀《にわながひで》らの精鋭が含まれていた。いずれも、その後長く光秀と行動を共にする武将たちである。箕作城はたちまち落城した。

織田軍は次に、そこから二キロほど北西にある、安土の観音寺《かんのんじ》城を攻めた。同城は、標高四百三十三メートル（比高三百五十メートル）の観音寺山の山頂に築かれた六角氏の本拠である。しかし、六角承禎・義治《よしはる》父子はすでに城を出て甲賀郡へ逃亡したあとで、織田軍は労せずして同城を占拠したのだった。

箕作城や観音寺城の戦いに光秀が参加したことは確認できないようだ。義昭と共に立政寺で、戦いの結果を気にしながら、待機していたのかもしれない。六角氏を駆逐し、東近江を制圧した信長は九月十四日、立政寺へ義昭を迎えるための使者を送った。

義昭は二十二日に立政寺を出て、観音寺山の西麓にある天台宗の寺院・桑実寺《くわのみでら》（正覚院）に入った。信長はここで義昭と落ち合ったとされるが、光秀がその場に居合わせた可能性は大きいだろう。彼らはついに、京都へと歩を進める時を得たのである。

桑実寺は、天智天皇の勅願により、藤原鎌足の長男・定恵《じょうえ》和尚が、白鳳《はくほう》六年（六七七）に創建し

桑実寺山門

たと伝えられる。ちなみに、保育園のような可愛らしい寺の名は、定恵が唐から桑の実を持ち帰り、この地において日本で初めての養蚕が始められたことに由来するのだそうだ。

現在、桑実寺に向かうには、ＪＲ東海道本線安土駅から、滋賀県道百九十八号線を、北東にそびえる観音寺山目指して、ひたすら真っすぐ歩けば、間違うことがない。辺りは見渡す限りの田園地帯で、戦国時代も大差がなかったのではと思うくらいだ。ちなみに、この県道名は「安土停車場桑実寺本堂線」という。

ところで、なぜこんな山間の古刹《こさつ》に義昭は入ったのか。実は、天文元年（一五三二）に起こった、一向一揆による享禄・天文の乱のあと、義昭の父である十二代将軍・足利義晴が、三年間にわたってここに仮幕府を置いているのだ。当然、足利将軍家との繋がりは大きいものがあったのだろう。

天正四年（一五七六）、信長が同寺の湖岸側に安土城を築くと、桑実寺は信長によって保護されるが、天正十年（一五八二）、信長の留守中禁足を破って参拝した女中が咎めを受け、擁護した同寺の高僧ともども処刑されるという事件が起こった（これを題材にして、正宗白鳥《まさむねはくちょう》は大正十五年に「安土の春」という戯曲を書いている）。

その年の六月二日、本能寺の変を成功させた光秀は、同五日に安土城に入り、一時的にせよ信長に代わって同城の主となる。ただ、桑実寺に足を運ぶ余裕など、全くなかったであろう。

■桑実寺　滋賀県近江八幡市安土町桑実寺六七五
ＪＲ東海道線安土駅から東へ徒歩三十分

第十場　三井寺（園城寺）
～信長・義昭一行が上洛途上に立ち寄る～（滋賀県大津市）

六角氏を追い払って、近江の安全を確保した信長は、九月二十三日（異説あり）に琵琶湖を渡って三井寺《みいでら》の光浄院《こうじょういん》に入った。一方、義昭は、それを追いかけるように翌二十四日に桑実寺を出発、やはり渡海して、三井寺の極楽院に入ったとされる。

『信長公記』によると、信長は守山まで出て、志那（草津）・瀬田へ渡ろうとするが、渡船の都合がつかず、一日待ったとある。当時、安土には常楽寺《じょうらくじ》港という、六角氏が使用していた観音寺城の外港があり、そこから大津港へ渡るのが、三井寺への最短コースのように思うが、何か支障があって使用できなかったのかもしれない。いずれにしろ、兵の多くは陸路を瀬田橋経由で三井寺に向かったのだろう。

『多聞院日記』には、細川藤孝、和田惟政が二十三日に、一万の兵を率いて京の郊外に布陣したとあり、『言継卿記《ことつぐきょうき》』（公家・山科《やましな》言継の日記）には、同日織田軍の先陣が山科七郷に陣取ったとある。光秀が藤孝ら先陣と行動を共にしていたか、あるいは義昭か信長に従っていたかは不明である。後者なら三井寺に入ったことだろう。

三井寺は正式には園城寺《おんじょうじ》といい、七世紀に大友氏の氏寺として創建され、九世紀に唐から帰った留学僧・円珍《えんちん》が再興した、天台寺門宗の総本山である。平安時代以降、皇族、貴族、武家など幅広い層の信仰を集めたが、一方で、比叡山延暦寺と対立し、同寺の宗徒の焼き討ちにたびたび遭う。

三井寺仁王門

境内に現存する弁慶引き摺り鐘は、延暦寺の僧であった武蔵坊弁慶《むさしぼうべんけい》が、三井寺との争いでそれを奪って比叡山へ引き摺り上げたが、撞《つ》くと「イノー（帰りたい）、イノー」と響いたので、弁慶は「そんなに三井寺に帰りたいのか」と怒って、その鐘を谷底へ投げ捨てたという謂われがある。

また、三井寺は源平合戦の舞台ともなり、信長が入った光浄院は、かつて源頼政と共に平家討伐を画策した以仁王《もちひとおう》が、身を潜めた場所としても有名だ。

南北朝時代以降は、足利氏を支持したことにより、室町幕府の保護を受けるようになる。義昭が三井寺に立ち寄ったのも、そうした歴史的経緯からだろう。ところで同寺は、後年光秀にとっても縁薄からぬ場所となる。しかし、それは生きた光秀ではなかった。

天正十年（一五八二）六月、山崎の合戦のあと、勝竜寺城を脱出して近江に向かった光秀を追って、秀吉がここに陣を構えた。秀吉は光秀が死んだことをまだ知らない。やがて、小栗栖《おぐるす》で土民に討ち取られた光秀の首が、三井寺の秀吉の元に届けられたのだ。それを見た秀吉は、おそらく快哉《かいさい》を叫んだことだろう。

それから四百年以上たった現在、三井寺は西国三十三所観音霊場の第十四番札所として、かつてたびたび戦乱の舞台となったことが嘘のように、多くの善男善女を集めている。

■三井寺（園城寺）　滋賀県大津市園城寺町二四六
京阪石山坂本線三井寺駅から西へ徒歩十分

第二幕 上洛後 1568.9～

第十一場　清水寺～義昭の上洛後最初の在所～（京都府京都市）

九月二十六日、六万の大軍を率いた信長は、義昭を奉じて京都へ入った。おそらく、三井寺から山科を通り、渋谷《しぶたに》（汁谷）街道を西に進んで、東山を越えたのだろう。

渋谷街道は、古くは「久々目道《くくめぢ》」「苦集滅道《くずめぢ》」とも呼ばれ、東国から京へ至るルートとして重要視されていた。鎌倉幕府は洛東のこの道沿いに六波羅探題《ろくはらたんだい》を設置している。

近世以降も東海道の脇往還《わきおうかん》として利用され、明治三十六年（一九〇三）には渋谷隧道《ずいどう》（現・花山トンネル）が完成。昭和四十二年（一九六七）に改修されて国道一号五条バイパスとなった（同バイパスの東山トンネル開通後も、花山トンネルは人道として残存している）。

さて、入京後信長と義昭は二手に分かれ、信長は東寺に、義昭は清水寺《きよみずでら》に入った。信長が兵を率いて上洛するという噂が洛中に広まると、都人たちは恐怖心からパニックに陥ったという。『言継卿記』には、「京中あたり大騒動」「終夜京中騒動」といった記述がある。

直前に東近江で六角氏相手にひと暴れしていたから、都でもどんな乱暴狼藉《ろうぜき》を働くか不安だったのだろう。しかし、義昭が清水寺に入ったことで、騒ぎは収まったようだ。信長の上洛が、義昭を供奉《ぐぶ》するものであるなら、それなりの秩序は確保されるはずと安堵したのであろう。

　義昭は、悲願だった上洛が達成できて、感無量だったに違いない。京都生まれの（五歳まで京都で育った）義昭の目に、久々の都の景色はどう映ったろうか。

　もっとも、足利将軍の邸宅として、三代将軍・足利義満が築いた豪華絢爛な「花の御所」は、応仁の乱で焼失しており、義昭の兄の十三代将軍・足利義輝の二条御所（武衛《ぶえい》）も、義輝が殺害された三年前の「永禄の変」の際に破却されていた。そこで義昭一行は、ひとまず渋谷口（渋谷街道の京への入り口）からほど近い、清水寺に入って様子を見たのであろう。

観光客で賑わう清水寺

さて、当時の京都の状況だが、永禄の変後、その首謀者であった松永久秀・久通父子と三好三人衆は対立するようになり、久秀は上洛する信長に対して恭順《きょうじゅん》の意を示していた。一方の三好三人衆は、義昭の従弟に当たる足利義栄《よしひで》を担ぎ、信長に対抗する姿勢を取った。

久秀も三好三人衆（三好長逸《ながやす》・三好宗渭《そうい》・岩成友通《いわなりともみち》）も、元は京の政権を握っていた阿波《あわ》国の武将・三好長慶《ながよし》の家臣で、長慶の死後、跡を継いだ三好義継《よしつぐ》を共に支える立場にあったが、信長・義昭の上洛時点では、両者は袂を分かっていたのだ。

三好三人衆に担がれた義栄は、同年二月八日に将軍宣下を受けて第十四代将軍に就任したものの（三年ぶりに将軍の空位が解消された）、その後も入京せず、摂津国富田に留まっていた。

清水寺は北法相宗《きたほっそうしゅう》の寺院で、延鎮《えんちん》を開基として八世紀に創建されたといわれ、鹿狩りに来た、のちの征夷大将軍・坂上田村麻呂《さかのうえのたむらまろ》が、延鎮に殺生をたしなめられたという逸話でも知られる。平安時代以降、観音信仰の霊場として親しまれ、応仁の乱で焼失したが、室町時代に時宗の僧・願阿弥《がんあみ》によって再興された。

ちなみに、永禄の変の時、義輝の暗殺のため上洛した三好三人衆と松永久通らは、清水寺参拝を名目に約一万の軍勢を結集している。そういう方便が通じるぐらい、武士の間でも同寺は信奉されていたということだろう。

今も清水寺は、京都で三本の指に入る観光名所である。山の斜面にせり出した本堂の舞台や、奥の院の崖の下にある音羽《おとわ》の滝は、いつも観光客や修学旅行生でごった返している。光秀が義昭に従っていたとしたら、清水寺へ立入ったはずで、あるいは音羽の滝の水を口にしたかもしれない。寺名の由来とされる、霊験あらたかなこの滝に、光秀は果たしてどんな願をかけたか。

■清水寺　京都府京都市東山区清水一丁目二九四
市バス「五条坂」または「清水道」から徒歩十分

第十二場　東寺～信長の上洛後最初の陣所～（京都府京都市）

信長は義昭と別れて、さらに西に進み、鴨川を渡って九条大宮西の東寺に布陣した。鴨川をどこで渡ったかというと、おそらくは五条橋であったろう。

永禄八年（一五六五）年頃に完成した『上杉本洛中洛外図屏風』（信長が上杉謙信に贈ったとされる）に、「五条のはし」が描かれている。当時鴨川のこの付近には中島があり、五条のはしは、その中島を挟んで、西と東に分かれていたようだ。

五条橋（大橋）といえば、牛若丸《うしわかまる》（源義経《よしつね》）と弁慶の格闘の場としても有名だが、この話は後世の創作のようだから、信長や光秀が橋を渡りながら、それを話題にすることは残念ながらあり得なかった。ちなみに当時の五条橋は、現在の松原橋の位置に架かっていて、天正十七年（一五八九）に秀吉が方広寺《ほうこうじ》大仏殿を建設する際、少し下流の現在地に移したとされる。

「弘法さん」の縁日で賑わう東寺

さて、真言宗の総本山、東寺は教王護国寺《きょうおうごこくじ》と呼ばれ、平安京の鎮護のため、延暦十五年（七九六）、朱雀大路《すざくおおじ》南端の羅城門《らじょうもん》の東に建てられた。同様に羅城門の西には西寺が建てられたが、こちらは鎌倉時代に廃寺となっている。

その後、嵯峨天皇により、真言宗を開いた空海（弘法大師）に下賜されたことは、余りにも有名だ。鎌倉時代からは、「お大師様の寺」として皇族から庶民まで幅広い層の信仰を集めた。今も毎月二十一日には縁日が催され、「弘法さん」の愛称で多くの市民に親しまれている。

信長は永禄二年（一五五九）二月以来、二度目の入洛であった。永禄二年の時は、十三代将軍・足利義輝の要請に応じたもので、義輝に拝謁《はいえつ》して、美濃国での戦況を報告するとともに、河内国の高屋城まで足を伸ばして、三好長慶《ながよし》とも面会している。その後、義輝と長慶は相次いで世を去り、九年後にこのような形で再び上洛することになろうとは、当時の信長には想像することすらできなかったろう。

光秀にとって、今回が最初の入洛であったかどうかは分からない。光秀が信長に従って、生まれて初めて東寺に入ったのだとしたら、きっと巨大な五重塔に感嘆したことだろう、と思いきや、調べてみると当時の東寺に五重塔はなかったようだ。

初代の五重塔は九世紀末に完成しているが、不審火や雷で都合四回焼失している。文明十七年（一四八五）の山城国一揆でも焼失し、以後百年間再建されなかったというから、信長が上洛した時はちょうどその間に当たるのだ。現在見られる五重塔は、寛永《かんえい》二十一年（一六四四）に徳川家光の寄進によって建てられたものである。

山城国一揆とは、山城国（京都府南部）の国人や農民が団結して、内紛を続ける守護大名・畠山氏の政治力を排除し、八年間にわたって自治を行った一揆である。その際、東寺のほとんどの伽藍が焼き払われたといわれるので、信長がここに陣を敷いたのは、一つには大軍が駐屯できるだけの広い空き地があったからなのかもしれない。

信長が東寺に入ると、京都の文化人らが続々とあいさつに訪れたという（その中には、後年光秀が親しく交わることになる連歌師・里村紹巴の顔もあった）。信長は、直ちに細川藤孝に命じて、内裏《だいり》（当時の天皇は正親町《おおぎまち》天皇）の警護に当たらせ、また、柴田勝家・蜂谷頼隆《はちやよりたか》・森可成《よしなり》らに命じて、三好三人衆の一人、岩成友通の籠る勝竜寺城を攻撃させた。勝竜寺城は落城するが、この時、光秀は何をしていたのか。

江戸時代中期にまとめられた、細川家四代（藤孝・忠興《ただおき》・忠利《ただとし》・光尚《みつなお》）の記録『細川家記』には、父祖伝来の勝竜寺城を藤孝が攻めたいと言い、光秀がその後援を申し出たという記述がある。しかし、藤孝は内裏の警護に当たったのが事実のようで、光秀もこの戦いには参加しなかったらしい。といって、手持無沙汰にしていたはずはなく、きっと何か別の重要な任務に勤しんでいたのだろう。

織田軍は、勝竜寺城を確保したあと、西国街道を南下し、数日のうちに芥川城・越水城・滝山城など摂津《せっつ》国の諸城を落とし、京都の周辺から反信長勢力を一掃したのだった。

■東寺　京都府京都市南区九条町一
近鉄京都線東寺駅から徒歩十五分

第十三場　旧本圀寺～三好三人衆の攻撃から義昭を守る～（京都府京都市）

上洛直後、義昭も信長と連携して摂津まで出陣し、十月十四日には京都に戻り、下京の本圀寺《ほんこくじ》（江戸時代のはじめまでは「本國寺」と表記した）に入った。しばらくは、ここが義昭の在所（六条御所）となる。一方、信長は入れ替わるように清水寺本願所（成就院《じょうじゅ》）に入っている。

義昭は将軍宣下を受けるため、十月十六日に本圀寺から細川邸へ移り、十八日に将軍に補せられ、二十二日には、お礼のため御所に参内している。なお、十四代将軍・足利義栄は、この時までに逃避先の阿波で死亡していた。死因については、腫瘍による病死とか、毒殺されたとか、諸説あって判然としないようだが、ともあれ、義栄の死により義昭の将軍就任はスムーズに行われたのであろう。

旧本圀寺跡(聞法会館)

義昭は、功のあった信長に足利家の桐紋を下賜するなどした。だが信長は、十月二十六日に京都を出て岐阜に戻った。もともと京都に常住するつもりはなかったようだ。『多聞院日記』には、「信長は京都に佐久間信盛・村井貞勝・明院良政《みょういんりょうせい》・木下秀吉ら五千ばかりを残した」とある。

そこに光秀の名はないが、同年十一月十五日に催された連歌会に光秀は参加しており、彼も在京していたことが知れる。そうした中の翌永禄十二年（一五六九）正月五日、京都で大事件が起こった。

信長の上洛後、京都から退却していた三好三人衆が、信長の留守を狙って突如京都に入り、義昭を討つべく本圀寺を囲んだのだ。義昭は前年十一月までに細川邸から再び本圀寺に移り、同寺を在所としていた。

本圀寺を守る義昭・信長の家臣らは、よく防戦して翌六日には敵方を撃退するが、そのメンバーの中に細川藤賢《ふじかた》、三淵藤英《みつぶちふじひで》らと共に明智光秀の名が見える（『細川家記』）。細川藤孝は勝竜寺城にいたが、変を聞いてすぐに駆け付け、三好義継や荒木村重《あらきむらしげ》も後詰めとして加わったようだ。

『言継卿記』には、将軍の御足軽衆以下二十余人が討ち死にしたとあるから、相当激しい戦闘が行われたのだろう。これが、上洛後の光秀が登場する最初の戦である。

日蓮宗の大本山・本圀寺は現在、京都市山科区にあるが、当時は六条堀川付近にあった。今は、西本願寺の宿泊施設・聞法《もんぼう》会館

現在の本圀寺

の敷地になっており、西門のあった大宮通近くには、「大本山本圀寺」と刻まれた石碑が立つ。

本圀寺は、日蓮が建長五年（一二五三）に鎌倉松葉ヶ谷に建立した法華堂が起源とされ、十四世紀半ばに四世日静《にちじょう》が、光明《こうみょう》天皇から寺地を賜り京都に移転した。日静は足利尊氏の伯父といわれ、その関係から代々足利氏の保護を受けた。

延暦寺の衆徒が法華衆徒を武力攻撃した天文五年（一五三六）の「天文法華《てんぶんほっけ》の乱」で焼失するが、天文十六年（一五四七）に再建されている。本圀寺が現在地に移転になったのは、歴史的に見ればごく最近、昭和四十六年（一九七一）のことだ。

■旧本圀寺跡　京都府京都市下京区堀川通花屋町上る柿本町六〇〇番地一
市バス「島原口」または「西本願寺前」から徒歩すぐ
■本圀寺　京都府京都市山科区御陵大岩六
京都市営地下鉄東西線御陵駅から徒歩十分

第十四場　旧二条城～信長が築いた義昭の御所～（京都府京都市）

本圀寺の事件の報を岐阜で受けた信長は、直ちに岐阜から京都に駆け付けた。将軍・義昭にもしも

平安女学院の前に立つ旧二条城跡碑

のことがあっては、という思いからだったのだろう。京に到着したのは、永禄十二年（一五六九）正月十日で、すでに事態は収束していた。

信長は十六ヶ条の「幕府殿中《でんちゅう》掟《おきて》」を制定すると、事件からひと月と経たない二月二日、義昭の御所とするため、勘解由《かげゆ》小路室町に二条城（旧二条城）の建設を開始する。

今回のような事件が再び起こった場合の防御を考えてのことであった。そこは以前、足利義輝の御所（武衛）のあった所だが、永禄の変後、跡地には天台宗の寺院・真如堂《しんにょどう》が建てられていた。信長は、義輝の古城を再興すべく、わざわざ真如堂を移転させて、この地を建設地としたのだった。信長の義昭への強い配慮が感じられよう。

ちなみに幕府殿中掟は、二年後に発給される「五ヶ条の条書」とともに、信長が自らの野望のため、義昭の権限を制約するものとされてきたが、最近の研究では、むしろ両者の連携や役割分担によって、幕府の公正な組織運営を図ろうとしたもの、との解釈もなされているようだ。

さて、二条城の建設は、近国一円から八万人もの人夫が集められ、信長自らが奉行となって突貫工事を行い、ふた月後の四月初旬には完成をみている。義昭は同月十四日、本圀寺から新築なった二条城に移った。兄・義輝の御所跡に居城を構えることができて、義昭は御満悦だったろう。義昭は信長を招いて三献《さんこん》の礼を取り、自ら盃に酌をしたという。

信長は義昭の入城を見届けたあと、秀吉に二条城の警固を命じると、四月二十日に京を立って三ヵ月ぶりに岐阜へと帰った。

さて、光秀であるが、この頃から義昭、信長双方に係る文書の発給を行っているので、そうした関係でたびたびこの城を訪れたに違いない。光秀にとって、行政官としての力を培っていった思い出深い城だったのではないか。

二条城は、広さが四百メートル四方に及び、二重の堀や三重の天守を有する壮大なものだったといわれる。庭園には、洛中・洛外の名石・名木が取り入れられ、また「桜の馬場」が整備されるなど、将軍家の本拠として威容を整えていたと『信長公記』にあ

旧二条城の石垣に使われた石仏（洛西竹林公園）

る。これほどの建造物をわずか二ヵ月で築き上げた信長の実行力に、光秀はただならぬものを感じたことだろう。

義昭の二条城は、慶長八年（一六〇三）に徳川家康が造営した、現存する二条城（二条離宮）と区別するため、現在は「旧二条城」と呼ばれることが多い。ただ、義輝の御所と誠仁《さねひと》親王の御所（元は信長の屋敷であったが、のちに親王に譲られた）も二条城と呼ばれることがあるので、注意が必要だ。

義昭の二条城は、義昭が京都から追放されてのちの天正四年（一五七六）に解体され、信長が築城を進めていた安土城の部材に転用されたといわれる。現在、跡地に遺構は全く見られず、平安女学院の西側に旧二条城跡を示す石碑が立つばかりである。

昭和五十年代に、京都市営地下鉄烏丸線敷設に先立つ発掘調査で、旧二条城の石垣や堀が発見されたが、石垣には多くの石仏が使われており、神仏をも恐れぬ信長の哲学を示すものと話題になった。

発掘された石垣は、京都御苑内の一角に復元されており、石仏の一部は、洛西竹林公園（京都市西京区大枝北福西町二丁目）内に展示されている。

■旧二条城跡　京都府京都市上京区下立売通室町角
京都市営地下鉄烏丸線丸太町駅から徒歩五分
■洛西竹林公園　京都府京都市西京区大枝北福西町二・三〇〇・三
阪急京都線桂駅から市バスで「南福西町（竹林公園前）」下車、徒歩五分

第十五場　飛鳥井邸～京の行政官として公家を集める～（京都府京都市）

永禄十二年（一五六九）の春頃から、光秀は京都の行政に関わるようになり、村井貞勝《さだかつ》、朝山日乗《あさやまにちじょう》、木下秀吉、丹羽長秀、中川重政《しげまさ》らとの連署で諸方面へ文書を発給している。同年四月十四日付の、秀吉と光秀が二人の連署で加茂荘中に宛てた文書も残っており、これが光秀に関する最初の確かな史料とされる。

この時、秀吉は三十二歳。信長に仕えて十五年が経ち、これまで美濃攻めで功を上げ、信長の上洛に際しても箕作城の戦いなどで活躍していた。山崎の合戦で干戈《かんか》を交える光秀と秀吉は、その十三年前からこのような因縁があったのである。

その後光秀は、もっぱら村井貞勝、朝山日乗とタッグを組むようになる。信長が義昭の権限を制約したとされる、永禄十三年正月の「五ヶ条の条書」は、宛先が日乗と光秀両人になっており、光秀がすでに、義昭・信長間の覚書の証人になるほど、重要な立場にいたことが分かる。

元亀元年（一五七〇）三月六日、光秀は信長の命により、公家の知行《ちぎょう》安堵を行うため、日乗と共に公家衆を堀川北小路辺りにあった飛鳥井邸《あすかいてい》に集め、彼らに知行地一覧を提出させている（『言継卿記』）。飛鳥井家は公家としては、羽林家《うりんけ》の家格を持ち、代々和歌・蹴鞠《けまり》を家業とした。

光秀は上洛から一ヵ月余りの永禄十一年十一月十五日、細川藤孝らと共にある連歌会《れんがえ》に参加しているが、出席者の中に飛鳥井雅敦《まさあつ》の名が見える（光秀が六句だったのに対して、雅敦は七句詠んでいる）。この飛鳥井雅敦（権中納言）という人物、まだ二十歳前後であったが、連歌会以前に光秀とすでに面

白峯神宮

識のあった可能性がある。

　というのは、永禄五年（一五六二）八月、雅敦は越前の朝倉義景の招待を受け、父・雅《まさ》教《のり》と共に一乗谷で曲水の宴を楽しんでいるからだ。といっても、彼はまだ十代半ばの少年だったから、下積み時代の光秀が記憶に残ることはなかったかもしれない。

　しかし、今や立場は逆転し、光秀は行政官として、公家たちに命を下す立場になったのである。面白いのは、飛鳥井邸に公家たちが集められた翌月、雅敦は金ヶ崎の戦い（六三頁参照）に公家として参加していることだ。彼は戦場でも光秀と顔を合わすことがあったかもしれない。

　ところで信長は、公家の嗜《たしな》みである蹴鞠に随分と関心があったようだ。天正三年（一五七五）三月二十日に相国寺《しょうこくじ》で行われた今川氏真《うじざね》主催の蹴鞠の会や、同年七月三日、宮中で開かれた誠仁親王《さねひと》主催の蹴鞠の会を信長は見学しているが、両行事とも当然のごとく、蹴鞠を生業とする飛鳥井雅教・雅敦父子が出場していた。

主君が関心を示すことに、光秀も当然無関心ではいられなかったろう。飛鳥井父子から蹴鞠について、いろいろと知識を仕入れ、あるいは、技術の手ほどきも受けていたのではないか。

さて、飛鳥井家は明治維新後東京へ移り、その跡地には明治天皇の意向により、崇徳《すとく》天皇と淳仁《じゅんにん》天皇を祀る白峯神宮《しらみねじんぐう》が造営された。崇徳天皇は、保元元年（一一五六）の保元の乱に敗れて讃岐《さぬき》に流され、淳仁天王は天平宝字《てんぴょうほうじ》八年（七六四）、藤原仲麻呂《なかまろ》の乱に巻き込まれて淡路に流され、いずれもその地で崩御《ほうぎょ》した悲運の人物だ。

ただ、同神宮の境内には、飛鳥井家が平安時代から祀ってきた鞠の守護神・精大明神《せいだいみょうじん》が残され、近年には「蹴鞠の碑」なるものも設置された。その碑に組み込まれた石の鞠を撫でると、球技上達の御利益があるといい、プロのスポーツ選手もよく訪れるという。また毎年、春と秋には蹴鞠保存会により、古式ゆかしい蹴鞠奉納が執り行われており、飛鳥井家の伝統が守られている。ちなみに、白峯神宮の住所は、今も「飛鳥井町」だ。

■白峯神宮（飛鳥井邸跡）　京都府京都市上京区飛鳥井町二六一
京都市営地下鉄烏丸線今出川駅から西へ徒歩十分
市バス「堀川今出川」から東へ徒歩すぐ

第十六場　金ヶ崎城～秀吉と共に織田軍の殿を務める～（福井県敦賀市）

永禄十三年（一五七〇）二月末日、信長は「天下静謐《せいひつ》」のため、などと称して四ヶ月ぶりに上洛する。信長は「天下布武《ふぶ》」や「天下一統《いっとう》」という言葉も使っているが、当時の天下とは、全国を意味するものでは無く、京都を中心とした五畿内（山城・摂津・和泉・河内・大和の五国）のことであり、当初信長は、将軍・義昭を奉じてその秩序を守ろうとしていたとされる。

それはさておき、注目すべきは、この時信長は、なんと光秀の宿所に入っていることだ（『言継卿記』）。光秀は京都に住まいを確保していたようで、比叡山の僧・施薬院全宗《せやくいんぜんそう》の屋敷もその一つだったといわれる。全宗はのちに還俗して漢方医学を極め、医師として秀吉の側近となる人物だ。

ともあれ、ひょっとしたら信長は光秀の屋敷に宿泊した可能性もあり、信長と光秀の、主従の関係を越えた親密さが感じられるのである。

さて、この月信長は、諸国の大名らに上洛して礼賛するよう命じるが、越前の朝倉義景はそれに従わなかった。また、当時若狭《わかさ》国（福井県南部）内が守護・武田氏の内紛で乱れ、それに義景が介入し、国内の反朝倉派が信長を頼るような事態となっていた。

義昭の上洛に関して、互いに協力し合った信長と義景だったが、ついにぶつかり合うことになる。同年四月二十日、信長は三河国の徳川家康と共に三万の兵を率いて京都を出陣、琵琶湖西岸の北国街道を北上して、越前一乗谷を目指した。

光秀はこの遠征軍に参加するが、彼の心境は複雑だったろう。かつて長年にわたって仕官し、おそ

敦賀湾から望む金ヶ崎城址

らくは恩義を感じていたであろう義景に刃を向けることになったのだから。しかし、織田氏と朝倉氏の戦いはこれから数年にわたって続くことになるのだ。

ところで、光秀はこの遠征で初めて家康と顔を合わせたのかもしれない。弱冠二十七歳の家康は、前年、掛川城を攻めて今川氏真《うじざね》を降ろし（今川氏の滅亡）、三河に加え遠江《とおとうみ》をも支配下に置いていた。信長とは永禄三年（一五六〇）の桶狭間《おけはざま》の戦い以来、同盟関係にあり、今回も応援に駆け付けたのである。光秀が、この青年武将にどういう印象を持ったかは分からないが、これより十二年後、光秀は本能寺の変の直前に、安土城で家康を饗応することになる。

さて、織田・徳川連合軍は、敦賀郡の諸城を落としながら金ヶ崎《かねがさき》城に達し、義景の家臣・朝倉景恒《かげつね》の籠る同城を攻略した。しかし、木ノ芽《きのめ》峠を越えて越前へ進軍しようとしたところで、信長と同盟関係にあった北近江の浅井長政が裏切ったという情報が入る。長政に嫁いでいた信長の妹・お市の方が、両端を紐で縛った小豆《あずき》袋を信長に送り、長政の裏切りを兄・信長に知らせたという逸話は有名だ。

浅井氏は古くから朝倉氏に恩義があり、信長と同盟を結ぶ際には、「朝倉氏を攻めない。攻める時は事前に連絡する」と約束させている。それを信長に反故《ほご》にされて、長政は寝返ったのだといわれる。このままでは、（お市が示唆するように）挟み撃ちに遭うと悟った信長は、秀吉らを金ヶ崎城に残し、わずかな兵と共に若狭から朽木《くつき》街道（現・国道三六七号）に入り、大原を通って、三十日夜半、何とか京へ帰着した。世に言う「金ヶ崎の退《の》き口」である。

この時、秀吉が信長軍の殿《しんがり》を務めて名を上げたと伝えられるが、実際には殿軍には秀吉だけではなく、池田勝正のほか光秀も加わっていたとされる（『波多野秀治宛一色藤長書状』）。光秀は、行政面だけでなく、軍事面でも頭角を現していたのだ。殿という重要な任務を遂行できるほど、傑出した「武」の能力をすでに示していたのだろう。

ところで光秀は、帰京後、信長の命で丹羽《にわ》長秀《ながひで》とすぐに若狭に取って返し、朝倉方の武藤友益《ともます》から人質を取り、その城館（石山城）を破壊して引き上げている。『信長公記』によると、その際には、針畑《はりはた》越えをして京へ戻ったとある。

針畑越えは、若狭で水揚げされた鯖《さば》などの海産物を京へ運んだ「鯖街道」として有名だ。光秀は、今の福井県道三十五号線沿いに進み、前回同様朽木を南下したのだろう。光秀らの若狭入りは、浅井氏の寝返りにより、湖西の通路を確保するためだったとされる。

金ヶ崎城は、敦賀湾に突き出した標高八十六メートル（比高五十メートル）の金ヶ崎山の山頂にあった。十二世紀の末、平通盛《みちもり》が木曽義仲《よしなか》との戦いのために築いたのが起源とされ、十四世紀には新田貞義が尊良《たかよし》親王を奉じて立て籠もった城としても知られる。

麓にある恋愛祈願で有名な金崎宮《かねがさきぐう》から、常緑広葉樹が鬱蒼《うっそう》と茂る登山道をしばらく登ると、本丸跡に着く。そこからは敦賀湾が一望でき、往時、月見には持って来いの場所であったことから、月見御殿と呼ばれたことが、すぐに納得できよう。周辺には、木戸や堀切の跡のほか、金ヶ崎城の戦いで織田軍に焼かれた兵糧庫の跡などが見られる。

■金ヶ崎城址　福井県敦賀市金ヶ崎町
ＪＲ北陸本線敦賀駅からコミュニティバス松原線で「金崎宮口」下車、徒歩二十五分

第十七場　田中城〜金ヶ崎城攻めの途中に立ち寄る〜（滋賀県高島市）

信長率いる織田軍が、朝倉義景を討つため京都から越前へ遠征した際、途中、近江国高島郡の田中城に立ち寄っている。元亀《げんき》元年（一五七〇）四月二十一日のことだ（『信長公記』）。

田中城は、田中郷の領主で、高島七頭の一人とされた有力土豪・田中氏の居城であった。築城年は、鎌倉時代後期にまで遡るといわれ、湖西を走る北陸道にほど近い、標高二百二十メートル（比高百メートル）の舌状に伸びた尾根筋に設けられた山城であった。大軍が逗留できるだけのエリアがあり、城

田中城址にある松蓋寺跡

郭には天守台も備わっていたようだ。信長の朝倉攻めに従っていた光秀は、同じく従軍していた秀吉、家康とともにこの城に泊まったのだろう。

後年筑後国主となる田中吉政《よしまさ》は、高島の田中城主を先祖に持つといわれる。秀吉に仕え、近江国の八幡山城（三万石）、次いで三河国の岡崎城（五万七千石）の領主となり、秀吉の死後は家康に仕えて、筑後国の柳川城三十二万石に封じられているのだ。秀吉や家康が彼を取り上げた背景に、かつて宿泊した田中城の記憶があったかどうか。

ところで、近年の研究で、熊本藩の家老だった米田《こめだ》家に伝わる文書『米田文書』の「針薬方」奥付に、永禄九年（一五六六）十月二十日の日付けで「右一部明智十兵衛尉高嶋田中籠城之時口伝也」という一文が見つかり、注目を集めている。

当時の田中城は六角氏の支配下にあったが、浅井氏の圧迫を受けるようになったので、それを嫌った幕府が、防衛のため奉公衆を同城に送り込み、その中に光秀がいた、という想定もできるようだ。

これが真実なら、光秀は信長・義昭と上洛する二年も前から、何らかの経緯で近江に入って活動していたことになり、光秀の前半生が大きく塗り替えられる可能性がある。今後の研究次第では、田中城そのものも、改めてスポットライトを浴びることになるかもしれない。

なお、織田軍逗留から二年後の元亀三年（一五七二）三月、光秀は信長の命で、志賀郡の木戸城とともに浅井長政の勢力下にあった田中城を攻撃したとされる（九二頁参照）。

ＪＲ湖西線安曇川《あどがわ》駅から西へ約三キロ。滋賀県道百九十七号線沿いの上寺地区に田中城の案内表示板があり、その内容に沿って進むと、ほどなく山道に入る。山の中腹に突然大きな観音像が現れ驚かされるが、この付近は、かつて天台宗高島七ヶ寺の一つに数えられた松蓋寺《しょうがいじ》という山岳寺院のあったところで、同寺が廃寺になったあと、田中城が築かれたらしい。

松蓋寺跡を過ぎてさらに山道を登り、尾根筋に出るとそこが田中城跡だ。天守台、曲輪、堀切、土塁、武者隠しなど多くの遺構が見られ、つぶて石まで残されているのが面白い。

■田中城址　滋賀県高島市安曇川町田中
ＪＲ湖西線安曇川駅からコミュニティバス横山・田中線で「馬場」下車、徒歩二十分

第十八場　姉川古戦場～朝倉・浅井軍と織田・徳川軍が激突～（滋賀県長浜市）

金ヶ崎の合戦から這《ほ》う這《ほ》うの体で京都に逃げ戻った信長は、その三週間後、浅井長政に抑えられた東山道を避け、東近江から鈴鹿山脈を千草《ちぐさ》越えで伊勢に出、岐阜へと帰った。その途中、杉谷善住《すぎたにぜんじゅう》坊《ぼう》という僧に火縄銃で狙撃されたが、幸いかすり傷程度で命に別条はなかった。

善住坊がなぜ信長を狙ったのかは不明のようだが（六角承禎に頼まれたとも）、激怒した信長は、配下に犯人の捜索を厳命し、善住坊は近江国高島郡の阿弥陀寺に隠れていたところを捕えられた。そして、厳しい尋問の後、生きたまま首から下を土中に埋められ、竹製のノコギリで首を切られたという。

さて、それからひと月後の元亀元年（一五七〇）六月二十一日、信長は岐阜を出立し、金ヶ崎で謀反した浅井長政を討伐すべく、北近江の浅井氏居城・小谷城を攻撃した。しかし、すぐに長政救援のため、越前から朝倉軍が駆け付ける。一方信長には、三河の徳川家康が助っ人に入った。

六月二十八日早朝、ついに両者は姉川《あねがわ》河畔でぶつかり合う。双方の兵力は織田・徳川連合軍が二万九千、朝倉・浅井連合軍は一万八千だった（諸説あり）。

激戦の末、同日午後二時には織田・徳川側の勝利が決定する。この戦いになぜか朝倉義景は出陣せず、それが浅井・朝倉軍の士気に影響したともいわれる。もっとも、勝った信長も相手の息の根を止めることまではできなかった。そのため、こののち数年にわたって、浅井・朝倉を中心とする信長包囲網に苦しめられることになるのだ。

ともあれ、激しい戦闘によって、双方の戦死者は二千五百人に上り、姉川は兵士たちの血で真っ赤に染

姉川古戦場

まったといわれる。

ところで『明智軍記』では、光秀は姉川合戦で八番隊を率いて参戦したことになっている。また、徳川氏の歴史を綴った『三河物語』『松平記』によると、信長が前日の軍議で、柴田・明智を一番、家康を二番としたのに対し、家康がそれを不服として反論したとしている。

もし、『三河物語』『松平記』の記述が本当だとしたら——金ヶ崎では殿《しんがり》で、今度は一番隊である。光秀は、信長から武将として極めて高い評価を受けていたということだろう。

信長は、その後長政を深追いすることはせず、浅井氏の支城・横山城を落として秀吉を置き、自らは七月四日に帰洛して、律儀にも姉川合戦の様子を義昭に報告した。そして、その足でまた京都の光秀の宿所に入っている（『言継卿記』）。

光秀が姉川合戦に従軍していなかったとしたら、この時その凄まじい戦闘の様子を信長の口から直に聞いたことだろう。信長は同月七日に、京都を立って岐阜に帰っている。

姉川は伊吹山系を水源とし、滋賀県北部を流れて琵琶湖の東北岸へ注ぐ一級河川だ。現在、姉川に架かる旧野村橋の辺りが姉川合戦の戦場跡とされ、付近には、浅井方の陣所跡とされる「陣屋橋」や、両軍の戦死者を祀る「七十士の墓」、信長の本陣跡と伝わる「陣杭の柳」などが残されている。

■姉川古戦場跡　滋賀県長浜市野村町付近
ＪＲ北陸本線長浜駅から湖国バスで「野村橋」下車徒歩すぐ

第十九場　野田城～三好三人衆・本願寺と戦う～（大阪府大阪市）

姉川の合戦のふた月後、光秀は信長の命で摂津国（大阪府北中部及び兵庫県南東部）へ出陣することになる。本圀寺の変で敗北した三好三人衆らは、本国阿波《あわ》に退いていたが、元亀元年（一五七〇）六月、池田知正《ともまさ》やその家臣・荒木村重らを調略して、彼らと共に摂津へ進出、野田城と福島城を増築し、八千の兵で籠城した。

そして、八月十七日には、この時点では信長についていた三好義継の城・古橋《ふるはし》城を攻め、壊滅的な打撃を与えたのである。

そこで、信長は三好三人衆らを討つため、同月二十日に三千の兵を率いて岐阜を立ち、北近江の横山城を経由して二十三日、京都の本能寺に到着した。そして、二十五日に京都を出陣したが、近国からの参集で、京都にいるうちに織田軍の兵力は四万に膨らんだという。その中に、松永久秀、和田惟政、三好義継らと共に光秀の姿があったのだ。

なお、三十日には義昭も二千余を率いて京都を出陣しており、この頃、信長と義昭はまだ共同歩調を取っていたことが分かる。いずれも、鳥羽街道を南下し、淀から京街道（大坂街道）を通って摂津に向かったのだろう。

織田軍は、野田・福島城南東の天王寺に陣を張った。当時の大阪湾は今よりずっと大阪平野に入り込んでおり、野田・福島城の西側は海岸に接し、ほかの三方は淀川に囲まれていた。さらに周辺は沼地が広がる難攻の城であったため、信長は力攻めを避け、じわじわと包囲を強めていく。

駅前にぽつんと立つ野田城碑

当初は、数倍の兵力を持つ織田軍が、紀伊国の雑賀《さいか》衆や根来《ねごろ》衆の参戦も得て有利なうちに戦いを進めたが、九月十二日夜半、石山本願寺が敵方の応援に入ると事態は急転する。それまで中立を保っていた本願寺の第十一世宗主・顕如《けんにょ》は、このままでは自分たちが攻撃の対象になると危惧し（野田城とその東の本願寺とは、四キロほどしか離れていなかった）、諸国の門徒に檄を飛ばして兵を上げたのだった。檄文には、「身命を顧みず忠節を」といった文言が見える。

本願寺軍は、織田軍が築いていた防波堤を破壊、野田・福島城周辺の織田方砦を水浸しにして、織田軍に襲い掛かった。さらに十六日には、三好三人衆と石山本願寺の動きに呼応して、浅井・朝倉軍が、信長の背後を突こうと近江から京へ向け進軍を開始する。

京都を占拠されたら一大事である。この時、信長は生涯で最大の危機を迎えたといわれている。二十二日夜、信長は光秀に命じ、村井貞勝や柴田勝家らと共に、二条城を警固するため、急遽帰京させた。よしんば、浅井・朝倉軍が京へ侵攻したとしても、彼らなら何とか最悪の事態を回避してくれるだろう、と踏んだに違いない。それだけ、光秀に寄せる信長の期待は大きかったということである。翌二十三日には、信長本人も野田・福島城から撤退し、義昭と共に京へと帰った。

野田城は、享禄《きょうろく》四年（一五三一）、細川高国《たかくに》と同盟していた浦上村宗《うらがみむらむね》が築城したとされる。野田・福島城の戦い以降、天正四年（一五七六）の第一次木津川口の戦いや慶長十九年（一六一四）の大坂冬の陣でも戦いの舞台となるが、その後ほどなく廃城となり、現在はＪＲ大阪環状線野田駅の駅前と、そこから少し東にある極楽寺（大阪市福島区玉川四）の山門前に城址の石碑が立つばかりである。なお、福島城の痕跡はほとんど確認できないようだ。

■野田城址　大阪府大阪市福島区玉川付近
ＪＲ大阪環状線野田駅から徒歩すぐ（極楽寺は徒歩七分）
大阪メトロ千日前線玉川駅から徒歩すぐ（極楽寺は徒歩五分）

第三幕 坂本城主 1570.9〜

第二十場　将軍山城〜朝倉・浅井勢の侵攻に備える〜（京都府京都市）

元亀元年（一五七〇）九月二十日、浅井・朝倉軍は、摂津で本願寺が信長に蜂起したのを見計らって、信長を屠《ほふ》るチャンスとばかりに、約三万の兵で南志賀《みなみしが》の宇佐山《うさやま》城を攻撃した。「志賀の陣」の始まりである。

比叡山《ひえいざん》東麓の宇佐山城を守る森可成《よしなり》は、千人足らずの手勢で勇敢に迎え撃ったが、多勢に無勢で、信長の弟・信治と共に城下で討ち死にしてしまった。勢いに乗った浅井・朝倉軍は、逢坂《おうさか》峠を越え山科を経て醍醐《だいご》にまで侵攻した。京からはもはや目と鼻の先である。

この状況に信長は摂津から義昭と共に帰洛。先に京都に戻っていた光秀や村井貞勝を従えて近江へ向け出陣した。二十四日に信長が三井寺に到着すると、浅井・朝倉軍は坂本に後退、さらには比叡山に逃げ、蜂峰、青山、壺笠山に布陣して延暦寺《えんりゃくじ》の保護を受けた。

織田軍と幕府衆は、比叡山の東麓各所に布陣し、信長は宇佐山城に入って指揮を執った。光秀は佐久間信盛、村井貞勝らと共に穴太《あのお》（滋賀県大津市）に配備されたが、その後、延暦寺を牽制するため、

将軍山城本丸跡に建つ御堂

比叡山西麓の将軍山城の守備に就いた。

この城は、標高三百一メートル（比高二百五十メートル）の瓜生山《うりゅうやま》山頂付近にあった山城で、比叡山から京へ至る山道（現在は京都一周トレイル東山コースの一部になっている）の途中に位置し、また南側下方には、京の荒神口《こうじんぐち》と近江の穴太を結ぶ志賀越道（山中越え／現・京都府道・滋賀県道三十号線）が走っており、浅井・朝倉軍の動向を監視するには、格好の条件を備えていたのだ。

『信長公記』に、「(将軍山城には）津田三郎五郎、三好為三、香西越後守、公方衆相加え、二千ばかり在城なり」とあり、光秀は公方《くぼう》衆（義昭奉公衆）の中にいて、城兵を統率する立場だったのだろう。彼は、この年の十一月までここに籠り、城の大改修を行ったようだ。

将軍山城は、永正十七年（一五二〇）に室町幕府の管領《かんれい》・細川高国《たかくに》がここで初めて陣を構えたとされ、その時戦勝を記念して勝軍地蔵を勧進したのが、城名の由来と伝わる。

現在、瓜生山山頂の本丸跡には狸谷山不動院《たぬきだにさんふどういん》の「奥の院」の小さな御堂が建っており、その背後に、勝軍地蔵が祀られていたとされる古墳状の祠がある。だが、勝軍地蔵は宝暦《ほうれき》十二年（一七六二）に山麓に移され、現在は禅法寺《ぜんぽうじ》（京都市左京区北白川上終町）に安置されているということだ。

ちなみに、狸谷山不動院は真言宗修験道の大本山で、平安時代に桓武《かんむ》天皇が都の鬼門封じのため、不動尊を安置したのが始まりとされる。本堂は瓜生山を北へ十分ほど下った所にあり、江戸時代に宮本武蔵が、吉岡一門との決闘を前に滝行《たきぎょう》をしたことでも有名だ。

瓜生山は花崗岩《かこうがん》帯に属し、いわゆる白川砂の発生源でもある。城址へ至る京都一周トレイル沿いには、石材を運搬するため加工した「清沢口石切場」や、白隠《はくいん》禅師がそこを訪ねたことで有名な「白幽《はくゆう》子巌居跡《しがんきょあと》」などが残されている。

さて、将軍山城は築城されてのち、将軍足利義晴・義輝父子や松永久秀、六角氏が立て籠もるなど、たびたび戦いの舞台となった。光秀が入った時には、大改修を施さねばならぬほど、荒廃していたのだろう。志賀の陣のあと、ほどなくして廃城となったが、現在も城址には、曲輪や虎口《こぐち》など大規模な遺構が見られる。

■将軍山城址　京都府京都市左京区北白川清沢口町
市バス「一乗寺下り松」から徒歩二十五分（狸谷山不動院経由）
市バス「北白川仕伏町」から徒歩三十分（京都一周トレイル経由）

第二十一場　吉田神社～陣中、一服がてら入浴に訪れる～（京都府京都市）

元亀元年（一五七〇）十一月十三日、将軍山城に籠城中だった光秀は山を下り、吉田神社の吉田兼《かね》見《み》を訪ねて、石風呂に入れてもらっている。石風呂というからには、湯船につかる形式ではなく、岩（石）室に蒸気をこもらせ、蒸気浴びをするサウナのようなものだったのだろう。

同月二十三日にも光秀は、兼見に入浴を依頼しており、また、兼見の父・兼右《かねみぎ》を将軍山城に誘い、自分の陣所に留まらせたこともあった（将軍山城も改修によって、一般人を泊めることができるようになっていたようだ）。

山城は水に乏しいので、風呂に入ることはままならなかったに違いない。数ヵ月の籠城で、体がかゆくてたまらない。しかも、この頃は浅井・朝倉軍との戦いも膠着《こうちゃく》状態で、当面出陣の可能性はなさそうだ。ちょいと、風呂を借りに山を下りるか。そんな光秀の心情を想像するのは楽しい。

吉田神社は、標高百五メートル（比高四十メートル）の吉田山にある。吉田山は、京都盆地の東北部を南北に走る花折《はなおれ》断層の南端にあり、その活動によって隆起したとされる。現在、瓜生山から京都一周トレイルで南に下ると、山中越え（志賀越え）の府道に出る。

府道は真西に向かって白川通りに繋がるが、当時の志賀越えの道はそのまま南西に走って吉田山に直行し、その西麓を通って東一条から荒神口へ向かっていたようだ（その間には今も道標や石仏が残っている）。現在は都市の中に浮かぶ吉田山だが、当時その周辺は原野か田畑だっただろう。もっとも、志賀越えの道に出てから吉田神社までは一キロほど。光秀には、気分転換にほどよい散策コースだったのではないか。

　ともあれ、風呂を借りに押しかけるほど、この頃すでに光秀と兼見は親しい関係にあったようだ。その後も光秀は、死ぬまで兼見と親しく付き合うことになるのだが、では、吉田兼見とはどのような人物だったのか。

　兼見は吉田神社の神主で、この年（元亀元年）に父・兼右から家督を継ぎ、吉田神道宗家・吉田家九代当主になっている。天文四年（一五三五）の生まれだから、当時三十五歳。やはり光秀よりはかなり若い。実は兼見と名乗るのは天正十四年（一五八六）からで、それまでは兼和《かねかず》と称していた。光秀は天正十年に死去するから、彼は生涯兼見のことを「兼和殿」と呼んでいたはずである。

　兼見はそうした出自から、若くして京の文化教養に親しみ、茶の湯や連歌などを通じて、光秀のほか足利義昭、織田信長、羽柴秀吉、

節分祭で賑わう吉田神社

細川藤孝といった武家とも交友関係を持つようになった。特筆すべきは、『兼見卿《きょう》記』という一次史料を後世に残したことだろう。

『兼見卿記』は、元亀元年（一五七〇）から文禄《ぶんろく》元年（一五九三）までの兼見が書いた日記をまとめたもので、光秀のことがたびたび出てくる。二人の関係は、文化的な交流だけでなく、光秀が坂本城主となってからは、信長や朝廷の情報を取り次ぐ役目も果たしていたようだ。

同記の天正十年（一五八二）の分は二冊あるが、これは、光秀が同年六月十三日に山崎の合戦で敗死したあと、兼見が自らに危険が及ぶことを危惧して、光秀に係る部分を書き直したためともいわれる（一冊は六月十二日で終わっている）。

さて、吉田神社は貞観《じょうがん》元年（八五九）、藤原山蔭《やまかげ》が春日大社の神を当地に勧進したのが始まりとされる。二月二日から四日の節分祭は多くの参詣者で賑わうが、この祭事は室町時代に始まっているので、光秀も兼見に誘われ、見物に訪れたことがあったかもしれない。

なお、今も境内にある神龍社《しんりゅうしゃ》は、兼見の曽祖父・吉田兼倶《かねとも》が永正十年（一五一三）に創建したものと伝わる。

■吉田神社　京都府京都市左京区吉田神楽岡町三〇
市バス「京大正門前」から東へ徒歩五分
市バス「京大農学部前」から南へ徒歩五分

第二十二場　宇佐山城～荒れ城を任され、改修する～（滋賀県大津市）

元亀元年（一五七〇）十二月十四日、正親町天皇の周旋により信長と浅井・朝倉の間で和睦が成立した。和睦の交渉は、将軍・足利義昭と関白・二条晴良が坂本に下り、織田方から信長の家臣・佐久間信盛が、浅井・朝倉方からは、鳥居・詫見両人が出席して行われた（水藤真著『朝倉義景』）。ちなみに、二条晴良は義昭が越前で元服する時にも、朝廷関係者として立ち会っている。

交渉は三、四日にわたって続けられ、最後は双方が人質を交換して決着した。これにより、浅井・朝倉軍は三ヵ月ぶりに本国へ帰り、志賀の陣は終わりを告げたのである。なお、この時信長は、摂津（野田・福島城の戦い）で戦っていた三好三人衆・石山本願寺とも和睦している。

このあと、光秀は信長に代わって宇佐山城へ入った。大抜擢であった。というのも、同城は、京都と南志賀を結ぶ街道（志賀越え）の近江側の入り口付近に位置し、戦略的に極めて重要な拠点であったのだ。宇佐山城の築城者で最初に同城を任された森可成《よしなり》にしても、早くから信長に仕え、美濃攻めや桶狭間の戦いで活躍した重臣であった（息子の長可《ながよし》・蘭丸・坊丸・力丸も、幼いころから信長に可愛がられ、重用されている）。

もっとも、この時信長は近江の横山城に羽柴秀吉、佐和山城に丹羽長秀、安土に中川重政、長光《ちょうこう》寺《じ》城（滋賀県近江八幡市）に柴田勝家、永原《ながはら》城（同野洲市）に佐久間信盛をそれぞれ配置していた。頼りになる家臣でフリーなのは、光秀ぐらいだったのだろう、彼に白羽の矢が立ったのだった。

ともあれ、ここに光秀は、初めて一城を預かる身となる。すでに若くはない光秀であったが、彼の

宇佐山城址に残る石垣跡

「やる気」はぐんと高まったに違いない。

明けて元亀二年（一五七一）正月二十一日、吉田兼右が光秀を見舞うため志賀を訪れているが、この時、光秀は兼右に二十五人の人足の拠出を求めている。戦で荒れ果てていた宇佐山城の改修に、意欲的に取り組もうとしていたのだろう。

そんな光秀だったが、同年秋の比叡山の焼き討ちでの軍功により、信長から志賀郡を与えられ、坂本に城（坂本城）を築くことになる。その結果、宇佐山城は廃城になったようだ。

宇佐山城は、標高三三六メートル（比高二百五十メートル）の宇佐山の山頂にあり、この時期としては珍しい、石垣を巡らした恒久的なつくりの山城だったとされる。

宇佐山の東麓には、平安時代の中期に源頼義《よりよし》が創建したとされる宇佐八幡神社があり、子供の守り神として長きにわたって地域の信仰を集めている。その本殿から急な坂道を案内板に従って登っていくと、本丸跡にたどり着くが、そこには大きなテレビ塔が……。興ざめと思いきや、その周辺には、曲輪や暗渠、石垣、石段、櫓台などの遺構が確認できる。

■宇佐山城址　滋賀県大津市南滋賀町
京阪石山坂本線近江神宮前駅から徒歩六十分

第二十三場　延暦寺～信長の叡山焼き討ちに加担する～（滋賀県大津市）

元亀二年（一五七一）九月十二日、信長は比叡山延暦寺を突如焼き討ちにした。志賀の陣で、延暦寺が浅井・朝倉方に味方したことへの報復措置であった。

志賀の陣の際、信長は浅井・朝倉軍を比叡山内に布陣させた延暦寺に対し、「自分に味方すれば、近江国内の山門領を還付する。それがだめなら、せめて中立を守ってもらえないか。どちらも呑めないというのなら、全山を焼き払う」と申し入れた。しかし、延暦寺側は信長の言葉を信じず、この申し入れを完全に無視したのである。

延暦寺の総本堂である根本中堂

この年、信長は五月に長島一向一揆の拠点を攻め、八月には浅井長政の小谷城を攻撃していたが、彼の戦闘意欲は衰えなかった。信長率いる織田軍は、三井寺の本陣から出陣、延暦寺根《こん》本中堂《ぽんちゅうどう》、山王二十一社などを徹底的に焼き尽くし（遠く奈良からもその焔が見えたという）、僧侶、学僧、上人の区別なく殺害した。

『信長公記』によると、美女・小童らも数え切れないほど捕らえられ、「悪僧は首を切られても致し方ないが、私どもはお助けください」と哀願するのを信長は許さず、一人ひとり首を打ち落とし、数千の死体があたりかまわず転がったという（女人禁制のはずの比叡山になぜか女も大勢いたのである）。

この時、宇佐山城にいた光秀は、坂本北方の仰木《おおぎ》谷から延暦寺へ攻め上った。光秀が、直前の九月二日付で雄琴《おごと》の和田氏に宛てた書状に、「仰木の事ハ是非ともなでぎりに仕るべく候」

とある。「なでぎり」とは、皆殺しの意味だ。

仰木から坂本にかけては、延暦寺の僧侶らの居住区であったとされ、光秀はおそらく同地区を焼き払いながら進んだのだろう。信長の残酷さに葛藤を抱いた「真面目な人物」と捉えられがちな光秀だが、彼もまた信長の殲滅《せんめつ》作戦に沿って行動していたことが知れる。

実際、フロイスは『日本史』の中で、光秀について、「刑を科するに残酷で独裁的」「己を偽装するのに抜け目がない」「計略と策謀の達人」などと評している。

仰木には現在、奥比叡ドライブウェイの仰木料金所があり、ここから車で延暦寺へ上がることができる。比叡山の標高は八百四十八メートル。車のない当時、山頂に近い延暦寺までの行程は相当きつかったはずで、それを決行した光秀の体力は、少なくとも四十代のものではなかったか、という気がする（享年五十五説だと、この時光秀は四十四歳。同六十七説だと五十六歳だ）。

比叡山焼き討ちのあと、延暦寺、日吉大社の寺社領はことごとく没収され、光秀、佐久間信盛、中川重政、柴田勝家、丹羽長秀の五人に分配された。

延暦寺は、延暦七年（七八八）、最澄《さいちょう》によって比叡山に創建された天台宗の総本山である。平安時代から武装化が進み、多数の僧兵を擁する寺社勢力として、朝廷や武家政権を手こずらせた。

延暦寺の制圧に最初に乗り出したのは、室町幕府六代将軍・足利義教《よしのり》である。永享《えいきょう》七年（一四三五）、有力な僧侶を誘い出して斬首し、それに反抗した僧侶たちは、根本中堂に火を放って焼身自殺したのだった。信長による焼き討ちの百三十六年前のことである。

信長の焼き討ちにより、延暦寺は廃絶同然となったが、信長・光秀の死後、秀吉、家康らによって再興された。現在みられる根本中堂は、徳川家光によって寛永十九年（一六四二）に再建されたものである。比叡山には戦前にケーブルが、戦後には比叡山・奥比叡ドライブウェイが開通し、延暦寺へ向かう参拝者・観光客らの「足」となっている。

■延暦寺　滋賀県大津市坂本本町
京阪石山坂本線坂本比叡山口駅から徒歩六分、坂本ケーブルで「延暦寺駅」下車、徒歩八分

第二十四場　高槻城～摂津国の争いを調停する～（大阪府高槻市）

比叡山の焼き討ちが終わっても、光秀は一息入れることができなかった。元亀二年（一五七一）九月二十四日、光秀は千ほどの兵を率いて、摂津の高槻《たかつき》城に入っているのだ。その翌日には、一色藤長《いっしきふじなが》、一色昭英、上野秀政といった幕府奉公衆が摂津に出陣している。

というのも、この前月に高槻城主・和田惟政と茨木《いばらき》城主・茨木重朝《しげとも》が、池田氏の家臣であった荒木村重・中川清秀《きよひで》と摂津の白井河原（大阪府茨木市）でぶつかっていたのである（白井河原の戦い）。この戦いで重朝、惟政は戦死、茨木・和田軍は、茨木城に退却して立て籠もった。

趣のある字体の高槻城碑

荒木・中川軍は、茨木城を攻撃するとともに高槻城を囲み、同城下を二日二晩かけて焼き払ったという。攻城側には、松永久秀や三好家の重臣・篠原長房《ながふさ》らも加わっており、久秀はここに来て反信長に立場を変えていた。

荒木・中川軍に討ち取られた惟政は、元足利幕府の幕臣で、永禄の変のあと、義昭をかくまったことで知られる。義昭が信長と共に上洛してからは、光秀と同様、京都の政治や合戦で大きな役割を果たし、信長から摂津の芥川城や高槻城を与えられていたのだ。

摂津の状況を知った信長は、両軍の調停のため、光秀を高槻城へ送り込んだのだった。調停には説得力が要求され、場合によっては、武力でねじ伏せるより難しいところがあろう。その役目を信長が光秀に担わせたことは注目すべきである。

光秀はこの困難な任務を見事に果たし、村重らはようやく高槻城から撤兵したとされる。光秀と村重は、野田・福島城の戦いに敵同士として参加しているが、もちろん口を利く機会などなかったろう。高槻城で光秀と交渉した村重は、その後、信長側に付き、光秀の娘（長女）を嫡男・村次《むらつぐ》の嫁にすることになる（さらにその先にどんでん返しがあるのだが）。

高槻城は西国街道（現・国道百七十一号線）沿いにあったので、光秀が京を経ず、宇佐山城から直接現地へ向かったのだとしたら（京都の幕府奉公衆とは別行動をしている）、山科を経て淀《よど》辺りから西国街道に入ったのかもしれない。

高槻城の起源は十世紀の末まで遡るようだが、信長の上洛時には、三好三人衆の管理下にあった。信長は上洛早々彼らを蹴散らし、惟政が信長の命で高槻城に入ったのはその翌年だった。

光秀の調停後、高槻城は、キリシタン大名の高山右近《うこん》（重友《しげとも》）が城主となり、城内に天主堂（教会）を建てるとともに、宣教師の布教を保護した。一時領内には二十もの教会ができ、信者は一万八千人に及んだという。

右近はのちに中川清秀と共に光秀の組下（軍事上の配下）になるが、山崎の合戦では光秀に従わず、秀吉側に付いた。その後、秀吉の命で明石へ転封。しかし、高槻城は豊臣・徳川時代を通じて存続し、明治四年（一八七一）の廃藩置県で廃城となった。

現在、城址の一部は城跡公園となり、石垣や天主台が模擬的に復元され、また、本丸跡に建つ大阪府立槻《つき》の木高等学校には、高槻城跡碑が設けられている。

■城跡公園　大阪府高槻市城内町三
JR東海道線高槻駅から徒歩十五分
阪急京都線高槻市駅から徒歩十分

第二十五場　坂本城～秀吉よりも早く一国一城の主となる～（滋賀県大津市）

比叡山焼き討ちのあと、功績のあった光秀は、信長から近江国志賀郡（五万石）が与えられた。京都の延暦寺領も含まれていたが、光秀が蘆山寺《ろざんじ》や、青蓮《しょうれん》院・妙法院・曼殊《まんしゅ》院の寺領を違乱もしくは横領したとして、正親町天皇が信長らにそれをやめさせるよう命じている。

また、高野《たかの》蓮養坊《れんようぼう》が知行する延暦寺領（京都市左京区）を光秀が支配したことについて、当領地の関係者から依頼を受けた細川藤孝や吉田兼見、柴田勝家が光秀への取り成しに動くなど、この時期、光秀は信長から評価された自信からか、結構やんちゃな素顔を見せている。

しかし、光秀の幸運は続く。元亀二年（一五七一）十二月、信長の命により、琵琶湖畔に自らの居城・坂本城を築き始めるのだ（信長は、比叡山の監視と琵琶湖の制海権の確保のため、光秀に坂本城の築城を命じたとされる）。これまで、勝軍山城や宇佐山城の改修を行ってきた光秀だが、本格的な城づくりは初めてのことであったろう。しかも、坂本城は琵琶湖に突き出た水城《みずじろ》。ここで得た築城技

坂本城址から琵琶湖東岸を望む

術がこののち、たびたび生かされることになる。

吉田兼見が、翌元亀三年（一五七二）正月六日に坂本城築城の陣中見舞いに光秀を訪ねている。宇佐山城の改修時には、兼見の父・兼右が見舞いに訪れ、光秀は彼に人足の提供を求めているから、兼見は友として今回も何か協力できることがあれば、という思いからの訪問だったのかもしれない。『兼見卿記』によれば、坂本城は元亀三年の十二月頃に完成したようである。

これにより光秀は、信長の家臣の中で、譜代《ふだい》のメンバーを差し置き、誰よりも早く一国一城の主になったのであった。ちなみに、二番手は秀吉で、彼が長浜城（滋賀県長浜市）を築いてその城主となるのは、二年後の天正元年（一五七四）のことである。

坂本城には天守があったと考えられ、イエズス会の宣教師ルイス・フロイスは、自著『日本史』の中で、同城を安土城に次ぐ壮麗さだと称賛している。信長の安土城が完成するのは、天正四年（一五七六）のことであるから、それまでは、坂本城が日本一壮麗な城だったということになる。

坂本城が完成すると、信長は岐阜から上洛する際、丹羽長秀の守る佐和山城（滋賀県彦根市）から、琵琶湖を船で坂本城まで渡り、志賀越え（山中越え）で京へ上ることが多かったようである。

光秀は坂本城で、吉田兼見や里村紹巴《さとむらじょうは》（連歌師）、津田宗及《つだそうぎゅう》（茶人）らと、たびたび茶会や連歌の会を催し、我が世の春を謳歌したが、この城の寿命は長くはなかった。築城から十年後の天正十年（一五八二）六月、山崎の合戦で光秀が敗れ、秀吉軍に囲まれた坂本城は、籠城していた光秀の家臣で娘婿の明智秀満《ひでみつ》によって火が放たれ、落城したとされる（二八〇頁参照）。

その後、杉原家次や浅野長政らが城主となったが、天正十四年（一五八六）、長政が大津城を築城した際、坂本城は廃城となった。現在、城址付近に坂本城址公園が整備されているが、残念ながら遺構らしきものは、ほとんど残っておらず、二の丸跡に石碑が立つばかりだ。ただ、坂本城址公園から一キロほど北にある聖衆來迎寺《しょうじゅらいごうじ》の表門は坂本城からの移築とされている。

■坂本城址公園　滋賀県大津市下坂本三丁目
ＪＲ湖西線比叡山坂本駅から徒歩二十分

第二十六場　木戸城～朝倉方・佐野氏の居城を攻める～（滋賀県大津市）

光秀が坂本城を築いている間も、浅井・朝倉勢力が、近江で不穏な動きを見せていた。元亀三年（一五七二）三月六日、信長は岐阜を出立して、秀吉のいる横山城に入り、浅井・朝倉の拠点である余呉《よご》や木之本《きのもと》を攻撃した。

その後湖西に移って、同月十一日には和爾《わに》（滋賀県大津市）に陣を置き、敵方の木戸・田中城攻めを光秀、中川重政、丹羽長秀に命じた。丹羽長秀は佐和山城（同彦根市）、中川重政は安土を任されていたから、坂本城の光秀ともども、近江にいた重臣が集められたわけである。そうしておいて、信長自身は十二日に京都の妙覚寺に入った。

光秀は、重政、長秀と共に砦を築き、木戸・田中城を包囲した。木戸城はＪＲ湖西線志賀駅の西側にあった平城で、代々佐野氏が居城とし、元亀年間には佐野秀方（木戸十乗坊）が城主であったようだ。一方、田中城のほうは、前に紹介した高島市安曇川町にある田中城だとされるが、木戸城から二十キロも北に離れており、しかも同城は山城であったので、木戸城と一括して海から攻めたとするには無理があるように思う。

と思って調べてみると、木戸城から三キロほど北東の湖岸沿いに、北比良城という田中氏が治める城があったとされ、それが「木戸・田中城」の田中城に当たるという説があるようだ。ここだと、和邇からもそれほど離れておらず、戦略的にも納得できる。

だとするなら、坂本城の北方わずか十五キロ前後に位置する両城を、光秀はなんとしてでも落とし

蓬莱山をバックにした木戸城址

たかったろう。しかしこの時は、木戸・田中両城とも落ちなかったらしい。

それから一年余り。義昭を京都から追放した直後の元亀四年（一五七三）七月二十二日、信長は京都から坂本に下り、そこから大船に乗って高島に出陣して、湖岸沿いの木戸・田中城を攻めた。織田軍の猛攻に両城はほどなく降伏したという。この戦いに光秀が加わっていたかは不明だが、落城後、信

北比良城址碑（福田寺）

長は両城を光秀に与えている（やはり大将は違うと、光秀は恐れ入ったかもしれない）。

現在、木戸城の城跡は、段々畑のような地形になっていて、遺構らしきものは見当たらない。だが、山手にある樹下《じゅげ》神社は、木戸城主の佐野氏が十四世紀に創建したもので、元亀の乱で荒廃した際には、当時の城主・佐野秀方が再建し、日吉大社から樹下大神を再勧進したとされる。

一方、北比良城の跡地には浄土真宗本願寺派の福田寺《ふくだじ》（滋賀県大津市北比良一七三）が建っており、同城の痕跡はまったく認められないようだ。

■木戸城址　滋賀県大津市木戸
JR湖西線志賀駅から徒歩すぐ

第二十七場　交野城～河内の要衝で松永久秀と初対戦～（大阪府交野市）

元亀三年（一五七二）四月には、河内国《かわち》（大阪府東部）で変事が起こった。三好義継が松永久秀と示し合わせて河内交野城《かわちかたの》を攻めたのだ。信長の上洛以降、信長に従ってきた義継は、ここに至って久秀と共に反信長的態度を明らかにした。

交野は京都と奈良、摂津をつなげる交通の要衝だったため、信長は交野城を重要な拠点と位置付けていた（ちなみに、本能寺の変のあと、堺にいた家康が三河に逃げ帰る際、一時交野に身を隠したという言い伝えがあるらしい）。

ともあれ四月十六日、信長は、光秀及び柴田勝家、佐久間信盛、細川藤孝、三淵藤英らに、交野城の救援に向かうよう命じた。いくら坂本城主となったところで、信長の命には絶対服従である。おそらく、光秀らは、淀から京街道（大坂街道）で枚方《ひらかた》まで進み、そこから東南に折れて交野に向かったのだろう。

光秀は事前に、柴田勝家、滝川一益、佐久間信盛との連署で、交野城で守備に付いていた片岡弥太郎へ書状を送って激励、そして、二万の大軍で交野城に押し寄せると、久秀らを一挙に蹴散らしたのだった（義継は若江《わかえ》城に、久秀は信貴山《しぎさん》城に、久秀の息子・久通は多聞山《たもんやま》城に逃れている）。

交野城は私部《きさべ》城とも呼ばれ、永禄八年（一五六五）頃、河内の土豪、安見右近《やすみうこん》によって築城されたとされる。当時右近は、三好氏の重臣だった松永久秀に属しており、

交野城の本丸（右）と二の丸間の空堀跡

交野城の築城も久秀の命だったようだ。信長の上洛後は信長に従い、交野城を守っていたが、元亀二年（一五七一）に久秀が信長を裏切ると、右近は久秀に多聞山城に呼び出され、自刃を余儀なくされた。直後に久秀は、息子の久通と共に交野城を攻撃するが、攻めきれずにいた。そして翌年、義継を担いで再攻撃をしかけたのだった。

光秀らが救援に入って以降、右近の息子・安見新七郎《しんしちろう》が交野城の城主となったようだが、信長が河内国を平定した天正三年（一五七五）頃、交野城は廃城となった。現在、交野城跡は京阪交野線交野市駅の北西にあり、平城（平地に築かれた城）の割には開発を免れ、住宅街の中に今も、本丸・二の丸・三の丸の曲輪や堀切の跡などの遺構が見られる。

■交野城址　大阪府交野市私部六丁目
京阪交野線交野市駅から徒歩十分

第二十八場　竹生島
～信長の浅井氏攻めを湖上からバックアップ～（滋賀県長浜市）

元亀三年（一五七二）七月二十四日、光秀は、湖北の浅井方拠点を琵琶湖上から攻撃した。その四

琵琶湖北部に浮かぶ竹生島

日前、岐阜から横山城に入った信長は、柴田勝家・佐久間信盛・丹羽長秀・木下秀吉らに命じて、浅井氏の本拠・小谷城を攻めさせていた。光秀の行動は、それをバックアップするものであった。

今回信長は、陸上と琵琶湖上の二方面から攻撃を加える戦略だったのだ。光秀は囲い船をこしらえて坂本を出陣、堅田《かたた》衆の猪飼野甚介《いかいのじんすけ》や高島衆の林員清《はやしかずきよ》らと合流しながら、海津浦、塩津浦、与語（余呉）の入海、竹生島《ちくぶしま》などを大筒・鉄砲で攻め立てた（囲い船とは、戦国時代に確立された軍用船で、敵の攻撃から船体を守るために、木材などで装甲が施されていたという）。

一方、浅井長政は、「今攻めれば、信長を滅ぼすことができる」と偽りを言って、朝倉義景に出陣を求めた。それに応えて、義景は二十九日に小谷に着いて陣を張ったが、信長は無理攻めすることはせず、ゆっくりと小谷城を攻める戦法を取った。

その後、両軍による大きな合戦は行われず、九月十六日、信長は秀吉を虎御前山《とらござやま》城に置いて、撤兵したのであった。虎御前山城は、今回の浅井攻めに際して信長が築いた前線基地で、小谷城の南わずか五百メートルの位置にあった。

さて、光秀は木戸・田中城攻め同様、今回の合戦でも水軍力をいかんなく発揮させた。それは、ひとえに琵琶湖の水運を握る堅田衆や高島衆を味方に付けていたからに他ならない。この半ば海賊まがいの荒くれ者たちを従わせるだけの統率力を、この頃の光秀は身に付けていたのであろう。浅井方にしてみれば、恐怖のキャプテン・パイレーツといった存在だったのではないか。

さて、光秀に攻撃された竹生島は、日本三大弁天の一つ、竹生島弁財天《べんざいてん》が祀られ、古くから信仰の対象となった島である。平清盛の甥・平経正《つねまさ》が、北国への遠征途上ここへ立ち寄り、必勝祈願したところ、弁財天の化身である白竜が出現したという伝承は有名だ（『平家物語』）。

戦国期には浅井氏の支配下にあり、浅井長政の父・久政《ひさまさ》が、次期当主として長政を担ごうとする家臣らに幽閉されたこともあった。今も年間を通じ、白装束に身を包んだ多くの巡礼者が訪れる。

■竹生島　滋賀県長浜市早崎町
ＪＲ北陸本線長浜駅から徒歩十分、長浜港から琵琶湖汽船で三十分
ＪＲ湖西線今津駅から徒歩五分、今津港から琵琶湖汽船で三十分
ＪＲ東海道本線彦根駅から無料シャトルバスで八分、彦根港からオーミマリンで四十分

第四幕 室町幕府滅亡 1573.2～

第二十九場　石山砦～義昭方の砦を落とす～（滋賀県大津市）

元亀二年（一五七一）頃から、義昭は上杉謙信、武田信玄、毛利輝元ら全国の有力武将に御内書（私的な書状）を出し始める。これにより信長包囲網が形成されていくのだが、上洛を果たしたものの、自由な行動を何かと妨げる信長が、義昭にとって目障りな存在だったことは確かだろう。

そして元亀三年（一五七二）九月、信長が義昭の失政を批判する「十七ヶ条の意見書」を出すに及んで、両者の対立は決定的なものとなった。

ちなみに同意見書の十三条には、光秀のことが書かれていて、光秀が地子銭《じしせん》（農地の地代）を収納して、（義昭の）買い物用に充てたのに、言いがかりをつけて取り上げた、と義昭を批判している。

実際、光秀は前年七月の比叡山焼き討ちのあと、比叡山領の管理をめぐって義昭とも対立し、「義昭からお暇をいただき、頭を丸めたいので、その旨取りなしてほしい」と義昭の家臣・曽我助乗《そがすけのり》に依頼しており、光秀もすでに義昭を見限っていたのかもしれない。

元亀三年（一五七二）十月、義昭が最も頼りにしていた甲斐の武田信玄が甲府を出陣し、十二月

石山砦跡に整備された羅漢山公園

二十二日には三方ヶ原《みかたがはら》（静岡県浜松市）で徳川家康を破り、さらに京へ向け進軍しようとしていた。好機到来とばかりに義昭は、翌天正元年（一五七三）二月、信玄及び本願寺光佐《こうさ》（顕如）・浅井長政・朝倉義景らと謀って信長を討とうとし、瀬田城主・山岡景之《かげゆき》の四男、光浄院暹慶《せんけい》（山岡景友《かげとも》）らに命じて、近江の石山・今堅田《いまかただ》で兵を上げさせた。

『兼見卿記』によると、二月六日に岩倉の山本対馬守《つしまのかみ》、渡辺宮内少輔、磯谷久次《いそがいひさつぐ》（新右衛門）らが光秀に別心して、十日には近郷に在陣したとある。信長・光秀に協力してきた洛北の豪族たちは、信長と義昭が対立すると、義昭側に味方するようになったのである。

一方、信長はここに至っても和睦を図ろうとするが、義昭に拒否されたため、柴田勝家・明智光秀・蜂屋頼隆・丹羽長秀の四人に石山・今堅田の攻撃を命じたのだった。

光秀らは同月二十四日、まず山岡景友の守る石山砦《いしやまとりで》を攻めた。同砦は瀬田橋の南方、石山寺《いしやまでら》背後の羅漢山《らかん》（標高百九十メートル、比高百メートル）にあった。坂本城からは十五キロほどしか離れていない。光秀らが到着した時、砦はまだ建設途上であったため、陥落するのに時間はかからなかった（景友が兄・景隆の説得で降伏したともいわれる）。

景友はその後信長に降り、佐久間信盛の与力になったが、九年後の天正十年（一五八二）、再び光秀の足を引っ張るような行動をとる。本能寺で信長を討ち取り、意気揚々と安土城を目指していた光秀からの誘いを拒否し、光秀の安土城入りを阻止するため、兄・景隆と共に瀬田橋を焼き落としたのだ。石山砦での光秀に対する怨念から、景友はそうした挙に出たのかもしれない。

石山砦は普請途中で破却されたこともあり、遺構はほとんど残されていないようだ。現在、羅漢山には羅漢山公園が整備され、尾根筋の広場へ向かう散策路沿いに、石山砦のものと思われる曲輪跡や土塁跡が見られる程度である。

ちなみに、石山寺は天平《てんぴょう》十九年（七四七）創建の古刹で、『蜻蛉日記《かげろう》』や『更級日記《さらしな》』『枕草子《まくらのそうし》』などにも登場し、また紫式部がここに参籠した際、『源氏物語』の着想を得たとされることでも有名だ。教養人の光秀にとっては、当然承知の事であったろうが、将軍・義昭が主君・信長に刃を向けるという緊迫した事態に、とても古典をしのぶ余裕などなかったに違いない。

■石山砦址　滋賀県大津市石山寺一丁目
京阪石山坂本線石山寺駅から徒歩三十分

第三十場　今堅田城～囲い船で水城を攻める～（滋賀県大津市）

石山砦を落とした光秀ら織田軍は、三日後の天正元年（一五七三）二月二十九日午前八時頃、義昭方の浅井氏が守る今堅田《いまかたた》城の攻撃を開始した。同城は、石山砦とは逆に坂本城から北へ八キロほどの湖岸沿いにあった。

織田軍は、丹羽長秀、蜂屋頼隆が東南の方角から西北に向かって攻め、光秀が今回もまた囲い船を使って、琵琶湖から西に向かって攻め立てたといわれる（『信長公記』）。この頃には、光秀率いる水軍の操船術も堂に入ったものになっていたのではないか。しかし今堅田城は、石山砦のようには簡単に落とすことはできなかった。

城を守っていたのは、磯谷久次（新右衛門）だった。彼は志賀郡山中の土豪で、前述のように直前まで光秀に従っていた人物であった（前年十一月には、久次の息子の元服に当たり、光秀が名付け親になっている）。

元は幕臣であり、皇室にも関係が深く、義昭・信長が上洛する際には、正親町天皇の使者として、立入宗継と共に信長に上洛を促しているが、義昭への忠誠心は相当なものがあったのだろう、信長・光秀に対して、敢然と反旗を翻したのであった。

ともあれ、今堅田城の攻防戦は熾烈《しれつ》を極め、双方に多くの死傷者が出た。同日正午頃になって、光秀が突破口を広げて城内に突入するに及んで、ようやく今堅田城は陥落したのだった。戦いの後、光秀は家臣の戦死者十八名を弔うため、坂本の西教寺に供養米を寄進している（戦国武将が家来のため

今堅田城址近くの「出島の灯台」

に、こうした施しをするのは珍しいことであり、光秀の、部下思いの優しい一面が伺えるエピソードだ)。

一方の久次は、何とか城を脱出し、命を繋いだようで、同年七月の義昭挙兵時には、再びそれに呼応して一乗《いちじょう》寺《じ》に籠ったが、天正六年（一五七八）二月に吉野山中で土民に殺された。その首級は安土の信長の元に届けられたといわれる。

今堅田城は、琵琶湖に突き出した水城で、十四世紀に新田義貞の一族である堀口貞祐《さだすけ》が創建したと伝わる。城域には、現在泉福寺《せんぷくじ》という大谷真宗派の寺院が建つが、遺構はほとんど見られないようだ。同寺からすぐの湖岸に「出島の灯台」と呼ばれる、木造の小さな灯台がある。

明治八年（一八七五）の水難事故をきっかけに、水上交通の安全を目的に設置されたといわれ、光秀の時代から琵琶湖の水運に勤しんだ堅田衆の精神が、その後も息づいているようである。

さて、ポルトガルの宣教師ルイス・フロイスの報告によると、今堅田は坂本より二里の距離にあり、一向一宗徒に属したとある。浅井氏は、堅田の一向一揆などと結託して、光秀の志賀郡支配を邪魔しようとしていた。義昭は彼らと手を組み、共通の敵に向かったのであろう。

■泉福寺　滋賀県大津市今堅田一丁目五・二九
ＪＲ湖西線堅田駅から徒歩二十分

第三十一場　下鴨神社～義昭への圧力、上京焼き討ち～（京都府京都市）

天正元年（一五七三）三月二十九日、信長は義昭に対抗するため岐阜から京都に入り、知恩院に布陣した。義昭と袂を分かった細川藤孝と荒木村重が、逢坂で信長を出迎えた。ということは、志賀越え（山中越え）ではなく、山科を経て粟田口か渋谷口から入京したのだろう。

この時、丹羽長秀は聖護院に陣取り、光秀は鴨《かも》（加茂）に陣を張ったとされ、織田軍の兵の数は七、八千に及んだという。

下鴨神社境内に広がる「糺の森」

今回の信長の上洛は、一にかかって義昭に圧力をかけるためであった。三月初旬に、信長は家臣の島田秀満《ひでみつ》を遣わして、義昭と和議を結ぼうとしたが、義昭は公然とそれを拒否していたのだ。

同月三十日、義昭が兵を出して、信長の重臣・村井貞勝の屋敷を囲むと、四月四日には信長が義昭を二条城に包囲した。そして、光秀と藤孝を両大将として下鴨《しもがも》から京の街を焼き立てた（二人とももはや、義昭を敵としたのである）。洛外・上京焼き討ちの始りである。上京が焼き討ちに遭うのは、天文五年（一五三六）の「天文法華《てんぶんほっけ》の乱」以来のことであった。

ところで、平安京は当初、南北に走る朱雀《すざく》大路（現在の千本通）を中心に東側（左京）を洛陽、西側（右京）を長安と呼んだが、その後右京は廃れ、左京のみが残ったので、京の街（京中）のことを、洛陽から取って「洛中」、その外側を「洛外」と呼ぶようになった。

戦国時代にはその洛中も南北に分かれ、二条大路より北を上京、南を下京と呼んでいたのである。それぞれが、堀や土塁などに囲まれた、いわゆる「惣構《そうがま》え」で、上京には内裏や義昭の二条城をはじめ、公家や武家、商人の屋敷が集中していた。

上京の焼き討ちでは、織田の軍勢による乱暴、狼藉《ろうぜき》、殺りくの嵐が吹き荒れたといわれるが、光秀はその実行側にいたのである。見かねた正親町天皇は、四月七日に関白・二条晴良らを義昭と信長のところへ調停に遣わし、信長も家臣の織田信広・佐久間信盛・細川藤孝を義昭のところへ派遣して、一旦両者の間に和睦が成立した。

下鴨とは、高野川と賀茂川の合流点の北側の地域を指し、その南限近くには下鴨神社がある。同神社は、正式には賀茂御祖《かもみおや》神社といい、平安遷都以前からの歴史を持ち、今に続く葵祭は当社と上賀茂《かみがも》神社（賀茂別雷《かもわけいかづち》神社）の例祭である。境内には、『源氏諸語』や『枕草子』にも謳われた「糺《ただす》の森」という社叢林《しゃそうりん》が広がり、軍の駐屯には適していただろう。光秀はこの辺りにから、上京へと攻め入ったのかもしれない。

■下鴨神社　京都府京都市左京区下鴨泉川町五九
京阪本線（鴨東線）出町柳駅から徒歩十分
市バス「下鴨神社前」から徒歩すぐ

第三十二場　槇島城～義昭を京から追放する～（京都府宇治市）

一旦は和睦した義昭と信長であったが、その三ヵ月後の天正元年（一五七三）七月三日、義昭は再び信長に対して挙兵した。武田信玄の上洛に期待してのことかもしれないが、その信玄は、四月十二日に信州の駒場《こまば》で病没していた。前年十月に京を目指して甲府を出陣、十二月には三方ヶ原で信長の同盟者・徳川家康を破っており、正に西上途上の無念の死であった。

信玄は死を前にして、自分の死を三年間伏せるよう、息子の勝頼に言い残したらしいから、義昭の耳にはまだその情報が入っていなかったのだろう。

義昭は二条城を家臣の三淵藤英らに守らせ、自身は宇治の槇島《まきしま》城に移って立て籠もった。同城は、幕府の奉公衆であった真木島昭光《まきしまあきみつ》が城主を務めており、義昭は彼を頼ったのである。義昭挙兵の報を岐阜で受け取った信長は、北近江の佐和山城から大船で琵琶湖を渡って坂本に至り、そこで光秀と合流して、七月九日に上洛し妙覚寺《みょうかくじ》に入った。

信長が利用した大船は、義昭が挙兵した際には、瀬田橋を押えられる可能性を想定し、大軍を湖上輸送するために、大工の棟梁・岡部又右衛門《おかべまたえもん》に命じて佐和山で拵《こしら》えさせたもので、全長約五十四メートル、幅十二メートルという前例のない大きさだったといわれ、これにより、数千の兵を渡すことが可能になったのだった。

光秀を含む信長の軍勢は、三淵らの籠る二条城を囲んで開城させたあと、同月十七日に槇島へ向け京を出発した。翌十八日に宇治川を渡って槇島城に達し、城の壁を破って放火を開始すると、義昭は嫡子（のちの義尋《ぎじん》）を人質として信長に差し出したうえ、降伏した。

信長は、義昭の命まで奪うことはしなかった。義昭は、秀吉に護衛されて上山城の枇杷《びわ》荘《しょう》（京都府城陽市）へ移り、その後義弟に当たる三好義継の居城・若江《わかえ》城（大阪府東大阪市）に入った。この年の十一月、信長は佐久間信盛に若江城を攻撃させるが、迎え撃った義継は討ち死にするも、義昭は近臣を連れてしぶとく堺へ逃亡している。

義昭の槇島城からの退去をもって、室町幕府は滅亡したとされるが、その後も義昭は、名目上征夷大将軍の職にあり続け、彼が将軍職を辞官するのは、天正十六年（一五八八）一月のことだ。

槇島は巨椋池《おぐらいけ》に浮かぶ島で、この地の土豪・真木島氏が代々城郭を築いていた。巨椋池は、宇治川が木津川、桂川と合流する地点の

菌場児童公園に立つ槇島城碑

上流側にあった巨大な池、というより湖だった。槇島城の戦いから二十一年後の文禄三年（一五九四）、伏見に城（指月《しげつ》伏見城）を築いた秀吉は、宇治川と巨椋池の間に堤防（太閤堤《たいこうづつみ》）を築いて、宇治川を巨椋池から切り離し、城下の水運の便に供した。これにより、今の宇治川のルートが出来上がったのである。

槇島城は、義昭の退去後、細川昭元《あきもと》や塙直政《ばんなおまさ》、井戸良弘《いどよしひろ》らが入ったが、伏見城が完成すると、廃城になったようだ。なお、巨椋池は昭和八年（一九三三）以降干拓され、現在は菌場《えんば》児童公園内に槇島城跡を示す石碑が残るのみである。

■槇島城址　京都府宇治市槇島町
ＪＲ奈良線宇治駅から徒歩三十分／京阪宇治線宇治駅から徒歩三十分

第三十三場　静原城～義昭方の残党を討つ～（京都府京都市）

天正元年（一五七三）七月、義昭を槇島城から追放したあと、一旦京都に戻った信長は、同月二十六日に京都を立って岐阜に向かった。近江志賀郡の木戸・田中城を大船で攻め落したのはその途上のことで、前述のとおり両城は光秀に与えられた。

一方、光秀は京都に残って、義昭に付いた勢力の残党狩りを行った。また、幕府が滅んだことで、伊勢貞興《いせさだおき》、諏訪飛騨守《すわひだのかみ》、御牧景重《みまきかげしげ》ら、公方衆と呼ばれた幕臣らを配下に組み入れた。ちなみに、義昭の二条城を守っていた、やはり幕臣の三淵藤英（細川藤孝の義兄）は、投降後一旦信長に仕えるが、その後捕えられて光秀に預けられ、翌年、坂本城で切腹させられている。

静原城への登り口にある静原神社

さて七月二十三日、光秀率いる軍勢は、義昭方だった洛北にある静原城《しずはら》の山本対馬守《つしまのかみ》を攻めるため、吉田神社に寄宿した（この時も兼見は光秀らに石風呂を提供している）。洛北岩倉の小倉山城を本拠としていた山本対馬守は、信長上洛後は信長に従い、光秀が坂本城主になった頃からは、光秀の配下にあったが、義昭と信長の仲が決裂すると、一乗寺の渡辺宮内少輔、山中の磯谷久次らと共に信長・光秀に反抗し、小倉山城を出て静原城に立て籠もっていたのだ。

翌二十四日早朝、吉田神社を出発した光秀軍は、山本対馬守の籠る静原城を包囲する。おそらく、光秀らは「京の七口」の一つ、大原口から若狭街道を北上し、大原の里を西に折れたか、あるいは鞍馬街道を北上し、二ノ瀬から東に転じて静原に向かったのであろう。

光秀軍は、静原城の周辺に放火しながら、長期戦に持ち込んだようで、同城が落ちたのは同年の十月になってからであった。山本対馬守は討ち取られ、その首は、光秀自らが持参して、一向一揆のため伊勢に在陣中であった信長の元に届けられたという（『信長公記』）。

静原城は弘治三年（一五五七）に、当時京都を実質支配していた三好長慶が築城したとされる。というのも、当地は北から京へ向かう若狭街道と鞍馬街道を押える要衝であったからだ。

城谷山（標高四百七十八メートル、比高二百七十メートル）山頂部の城址には、尾根沿いに階段状の曲輪跡が残り、土塁、堀切、虎口の石垣などの遺構が見られる（南東に伸びる尾根筋の曲輪跡は、光秀が同城の攻撃時に築いた付城の可能性もあるようだ）。

城谷山の南麓にある静原神社は、起源が三世紀にまで遡るとされるが、明応《めいおう》年間（一四九二〜一五〇一）に、岩倉の山本対馬守が守護大名の細川政元《まさもと》と戦った際、兵火にかかって古記録等が焼失したと伝わる。ここでいう山本対馬守は、光秀に歯向かった対馬守の何代か前の先祖だろう。

■静原城址　京都府京都市左京区静市静原町城山
京阪本線出町柳、または叡山電鉄鞍馬線市原駅から京都バスで「静原」下車、徒歩六十分、（城址へは、静原神社の本殿裏から登山道があるが、途中で途切れている）

第三十四場　北ノ庄城
～越前で朝倉氏滅亡後の処理に当たる～（福井県福井市）

義昭勢力の掃討を果たした信長は、いよいよ朝倉・浅井氏の攻略に乗り出した。天正元年（一五七三）八月、織田軍は北近江から木ノ芽峠を越えて越前に侵入し、朝倉氏の本拠地、一乗谷を攻撃した。

八月初旬に浅井氏の要請を受けた朝倉義景は、地蔵山（滋賀県木之本町）まで兵を進めたが、織田軍の攻勢を目の当たりにして、塩津《しおづ》街道（現・国道八号線）を北に退却しはじめる。それを見た織田軍は、猛烈な勢いで朝倉軍を追撃。信長は、浅井氏の本拠・小谷城を完全に包囲していたので、金ヶ崎城の時のように、挟み撃ちにされる心配はなかった。

同月十五日、追い詰められた義景は、従弟の朝倉景鏡《かげあきら》の勧めで、母・妻子と僅かな供を連れ、一乗谷から大野郷の賢松寺《けんしょうじ》に逃れた。しかし、そこで、あろうことか景鏡の裏切りに遭い、その襲撃を受けたために、自刃して果てた。享年四十一。ここに栄華を極めた越前朝倉氏は滅亡したのである。

二十六日、信長は近江へ引き上げ、今度は浅井氏の攻略に取り掛かるが、越前を去るに当たって、津田元秀、木下祐久《すけひさ》、明智光秀の三人を北ノ庄に奉行として残しておいた（『朝倉記』）というから、光秀もこの朝倉殲滅戦に参加していたのだろう。

ただ、七月下旬からしばらくは、静原城の攻城戦にかかっていたはずであるから、途中からの参戦であったかもしれない。仮に一乗谷まで攻め込んでいたとしたら、当地に入るのは、光秀にとって永禄十一年（一五六八）以来五年ぶりのことであったろう。

九月に入って、光秀は滝川一益らとの連署でいくつかの文書を発行しており、実際、越前の行政に関与したことが分かる。もっとも、信長から越前を与えられた柴田勝家が北ノ庄城を築くのは、天正三年

柴田勝家像のある北ノ庄城址（柴田公園）

（一五七五）のことで、その二年前、光秀が奉行を務めたとされる頃に、城らしきものが北ノ庄にあったかは不明のようだ（北ノ庄の旧朝倉館を代官所としたとも）。

ところで、越前に残った光秀は、服部七兵衛尉《しちべえのじょう》という、朝倉氏の関係者と思われる人物に書状を出し、信長の朝倉討伐の際に「竹」のことで世話になったことを感謝し、百石の知行を与えると伝えている。竹とは光秀が越前にいた頃に関わりを持った人物のようで、その竹が戦火に巻き込まれないよう、七兵衛尉に頼んでいたのだろう。光秀の律儀な性格が見て取れる話だ。

さて、近江の虎御前山《とらごぜやま》に移った信長は、自分の妹・お市の方のいる浅井長政の居城、小谷城を攻撃した。八月二十九日、長政は自決し、小谷城は落城、浅井氏は滅んだ。

落城直前に三人の娘と城を脱出したお市の方は、それから九年後（本能寺の変の四カ月後）、柴田勝家と再婚して、北ノ庄城に入る。そして、その翌年の天正十一年（一五八三）四月二十四日、秀吉の攻撃で北ノ庄城は落ち、勝家と共に彼女は自害した（三人の娘はこの時も助け出されている）。

小谷城の攻城戦に光秀は参加しなかったようだが、その後波乱に満ちた人生を送ることになるお市の方の娘たち（茶々《ちゃちゃ》、初《はつ》、江《ごう》）に、光秀はどこかで声を掛けるような場面があったであろうか。

北ノ庄城は、安土城の七層をしのぐ九層の天守閣を有していたとされ、落城の二年前に訪れた宣教師フロイスは、「城や屋敷の屋根はことごとく立派な石で葺かれ、その色調で一層美しさを増している」と報告しており、石瓦使用の勇壮な城であったようだ。

現在、城址はオフィス街の中に柴田公園として整備され、ゆかりの人物として勝家、お市の方、三人の娘たちの銅像が立てられている。

■北ノ庄城址（柴田公園）　福井県福井市中央一丁目
JR北陸本線福井駅から徒歩五分

第三十五場　多聞山城〜松永久秀の降伏後に入城する〜（奈良県奈良市）

天正二年（一五七四）一月十一日、光秀は信長の命によって大和の多聞山城《たもんやま》に入った。同城は、永禄三年（一五六〇）に松永久秀が築いた平山城（平野部の山にある城）であったが、天正元年十二月、信長の家臣・佐久間信盛の攻撃を受け、久秀は投降し、信長方に城を明け渡していたのである。

信長が義昭を破った槇島城の戦いで、久秀は義昭に味方していたので、信長は信盛に多聞山城の攻撃を命じたのである。久秀と手を組んでいた三好義継も、その前月に居城の若江城をやはり信盛に攻められて自害したことは、前述のとおりである。

光秀は坂本城から直接多聞山城を目指したのなら、山科から奈良街道を通って伏見大亀谷《おおかめだに》に出、六地蔵を経て、宇治橋で宇治川を渡り、現在のJR奈良線沿いに南下したのだろう。

興福寺、東大寺を見下ろす位置にある多聞山城は、当時大和国（奈良県）を抑えるための重要な拠点でもあった。光秀はここでも諸々の行政処理を行ったが、室町幕府が消滅して以降、光秀は信長の重臣・村井貞勝と共に京都市中の諸政に当たり、「両代官」と呼ばれるほどであったから、こうした

若草中学校の校門下にある多聞山城碑

ことはお手のものだったに違いない。

もっとも、仕事だけでなく、同月二十四日と二十六日には城内で連歌会を催しており、文化人たる光秀の面目躍如《めんもくやくじょ》といったところだ。合戦の伴わない城の管理だったので、光秀にも心のゆとりがあったのだろう。しかし、それもわずかの期間のことであった。

この年の初め、甲斐の武田勝頼が東美濃に侵入し、二月には当地の諸城を攻めた。信長はそれに対抗するため、自ら出陣、光秀もそれに従ったので、二月五日には多聞山城を出ている。二月一日に、大和筒井城主・筒井順慶が多聞山城に光秀を訪ねているのは、東美濃遠征への見舞いか、あるいは打合せであったと見られている。大和の覇権をめぐって長く久秀と対立していた順慶は、久秀が信長に背いたことで、信長方に付くようになっていたのである。

光秀が出たあと、多聞山城には細川藤孝が入り、さらに三月九日には藤孝に代わって柴田勝家が入城している。その顔ぶれから、信長がいかにこの城を重要視していたかが知れる。ちなみに、信長は同月二十八日、歴代権力者の垂涎《すいぜん》の的であった東大寺正倉院所蔵の蘭奢待《らんじゃたい》（香木）を、朝廷の許可を得て多聞山城内に持ち込み、一寸八分（五・五センチ）切り取ったという。

多聞山城という城名は、この城が祀る毘沙門天《びしゃもんてん》の別称・多聞天にちなんだもののようだ。すでに四階建ての櫓《やぐら》があり、また、塁上に長屋状の櫓が設けられ、多聞櫓の名の由来になったとされる。

多聞山城を見学したルイス・デ・アルメイダというポルトガルの宣教師は、本国へ送った書簡の中で、「宮殿はすべて杉でできていて、その匂いが中に入る者を喜ばせ」「柱にはことごとく金が塗られ」「壁には歴史物語が描かれ」「庭園と宮廷の樹木は美しいというほかなく」などと描写、「世界中にこの城ほど善かつ美なるものはない」と絶賛している。

久秀にとって、精魂込めて築き上げ、自らの権威の象徴でもあった多聞山城を手放すことは、正に断腸《だんちょう》の思いであったろう。その後、塙直政、筒井順慶が城主となるが、天正五年（一五七七）、信長の破城命令（大和国《やまと》では郡山城《こおりやま》のみを残すこととなった）により、多聞山城は破壊された。現在、本丸跡には奈良市立若草《わかくさ》中学校が建っており、学校敷地の周辺に曲輪のものとおぼしき斜面や堀切の後が見られるばかりだ。

■多聞山城址　奈良県奈良市法蓮町佐保山
近鉄奈良線近鉄奈良駅から奈良交通バスで「鴻池」下車、徒歩十分

第五幕　越前遠征　1574.2〜

第三十六場　岩村城〜女城主・おつやの方の城を窺う〜（岐阜県恵那市）

天正二年（一五七四）二月五日、多聞山城にいた光秀は、信長の命に従い、東美濃に侵入した武田氏に対抗するため、当地から出陣した。

東美濃は織田方防衛の最前線であったが、数年前から武田軍の蹂躙《じゅうりん》するところとなり、このたびも武田軍は、恵那郡の岩村城に進出して明智城などを攻撃したのである。ここでいう明智城とは、前に紹介した、光秀の出生地伝説のある遠山氏の明智城（明知城／白鷹城）のことのようだ。

岐阜城にいた信長は二月一日に出陣しているから、光秀はおそらく東美濃の現地で、織田軍本隊と合流したのだろう（岩村城は、岐阜城から東山道を東へ七十キロほど進んだ位置にあった）。

しかし、織田軍の到着した時には、明智城はすでに落城したあとだった。山県昌景《やまがたまさかげ》率いる武田の軍勢は六千だったのに対し、織田軍は六万に達していたとされるが、信長はなぜか本格的な攻撃をしかけることなく、家臣の河尻秀隆《かわじりひでたか》と池田恒興《つねおき》を現地に置いて、二月二十四日には帰陣した。光秀も坂本に帰ったのだろう。

ところで、武田軍が足場とした岩村城は、鎌倉初期の武将・遠山景朝《かげとも》が承久《じょうきゅう》三年（一二二一）に

岩村城址にある見事な高石垣　〈写真提供：攻城団〉

築いた由緒ある山城であり、戦国時代に入ってからは、たびたび武田氏と織田氏との攻防の舞台となっていた。遠山氏は保身のため、武田・織田双方との関係を重視していたが、元亀二年（一五七一）十二月に城主・遠山景《かげ》任《とう》が病死すると、景任には子が無かったので、信長の六男・御坊丸《ごぼうまる》（織田勝《かつ》長《なが》）を養子に入れ、織田方の色を鮮明にした。

　そして、幼少の御坊丸に代わって、城主の務めを担ったのが、景任の未亡人で信長の叔母に当たる「おつやの方」だった。才色兼備の彼女は、同時代の遠江国井伊谷《いいのや》城主・井伊《いい》直虎《なおとら》と同様、女城主となったのだ。

　ところが、元亀三年（一五七二）十月、武田信玄の西上作戦に伴い、秋山虎繁《とらしげ》率いる武田軍が岩村城に攻め寄せ、敗戦が濃厚となった岩村城側は、おつやの方を虎繁の妻にするという条件で降伏した（美丈夫の虎繁が、女ざかりのおつやの方を口説いたともいわれる）。二人の祝言は、天正元年（一五七三）二月に行われ、御坊丸は人質として甲府に送られた。こうして、岩村城は武田の軍門に下っていたのである。

信長が、大和・多聞山城にいた光秀を、わざわざ参陣させたのは、美濃の出身とされる光秀が、遠山氏の本拠であった岩村城周辺の地理と情勢に詳しかったからなのかもしれない。

さて、おつやの方のその後であるが、彼女には直虎と違って、悲惨な運命が待ち受けていた。光秀が東美濃に出陣した翌年の天正三年（一五七五）五月、長篠の戦いで織田・徳川連合軍は、武田軍を撃破する（光秀はこの戦いに参加していない）。勢いに乗った信忠（信長の嫡子）率いる織田軍は、同年十一月に岩村城を攻撃。織田軍の猛攻に秋山虎繁は、城兵の助命を条件に降伏を申し出た。

信忠はそれを受け入れるが、結局城兵は殺害され、虎繁は岐阜に連行のうえ、信長の命によって処刑された。信長は、自分の身内でもある虎繁の妻・おつやの方も許さず、岐阜城近くの長良川河畔において、逆さ磔《はりつけ》の刑に処したのである。

岩村城はその後も存続し、天正十年（一五八二）三月十一日には、甲州征伐の途上の信長が立ち寄っている。その時同行していた光秀も、当然同城に入ったことだろう。江戸時代には岩村藩の藩庁となり、元禄末から幕末にかけて大給松平《おぎゅうまつだいら》氏が藩主を務めた。

明治維新後の廃城令によって解体されたが、遺構の保存状態はよく、現在も城址には、「六段壁」と呼ばれる高石垣や、曲輪、井戸などを確認することができる。また、解体された建造物は、地元の八幡神社、徳祥寺《とくしょうじ》、妙法寺などに移築されているようだ。標高七百二十一メートル（比高百五十メートル）の城山山頂に位置し、霧ヶ城の別名があるぐらい、霧が多く発生することから、岩村城は兵庫県の竹田城同様、「天空の城」として注目を集めている。

■岩村城址　岐阜県恵那市岩村町城山
明知鉄道明和線岩村駅から徒歩六十分

第三十七場　飯盛城
～三好康長・顕如連合軍と対戦する～（大阪府四条畷市・大東市）

光秀が東美濃の遠征から帰ってほどなく、今度は摂津・河内方面で不穏な動きが発生する。池田勝《かつ》正《まさ》や三好康長《やすなが》（三好長慶の叔父）、雑賀衆、石山本願寺などが結託して、信長方の諸城を攻撃しはじめたのだ。

光秀は、信長の命により、荒木村重らと摂津へ出陣したようで、一向一揆攻めのため伊勢長島に在陣していた信長が、光秀に宛てた天正二年（一五七四）七月二十九日付けの書状に、「摂津方面のことは、（光秀が出した）書面に詳しく記述してあるので、実況を見るような心地がする」とあり、光秀が信長への的確な報告を怠らず、それを信長も高く評価していたことが分かる。

　八月に入ると、光秀は改めて信長の命を受け、佐久間信盛、細川藤孝らと共に河内に攻め入った。織田軍は、九月八日にまず若江城（大阪府東大阪市）の奪還に成功し、その後北西に転じて、八キロほど離れた三好氏の居城・飯盛《いいもり》城方面に向かった。

　かつての河内平野は池や湿地が多く、江戸時代には、飯盛山南西麓にある野崎《のざき》観音（慈《じ》眼《げん》寺《じ》）へ「屋形船《やかたぶね》で参る」（野崎小唄）のが流行ったぐらいだが、戦国期の軍隊は、生駒《いこま》山地の西麓を南北に走る東高野《ひがしこうや》街道を使って移動したようだ。

　飯盛城は、生駒山地西北部の飯盛山（標高三百十六メートル、比高二百六十メートル）山頂にあった。光秀ら織田軍は九月十八日、三好康長・顕如（本願寺）連合軍と飯盛城下

飯盛城址に残る石垣

で激しい戦闘を繰り広げ、ついに同城を陥落させた。そして、再び南下して若江城南の萱振《かやふり》城も落としている。

ところでこの間、信長は細川藤孝に宛てた八月十七日付けの書状で、「少しも油断することなく、光秀と相談することが肝要」と指示しており、光秀と藤孝の力関係の変化が見て取れる。藤孝にしてみれば、かつて自分の中間《ちゅうげん》であった者に相談せよと、命じられたわけである。

地位が逆転することは、今のサラリーマン社会でもよくあることだが（そして、逆転されたほうは、決していい気がしないものだが）、果たして藤孝の心境はどのようなものであったろう。

さて飯盛城は、十四世紀の南北朝時代に築かれたと伝わる（築城者は不詳）。その後、守護大名・畠山氏の家臣であった木沢長政《きざわながまさ》が城主となり、天文元年（一五三二）には、長政と三好元長《もとなが》（三好長慶の父）らが、山科本願寺の一揆軍を巻き込んで、ここを舞台に激しい戦闘を演じた（飯盛山の戦い）。ちなみに、本願寺はその翌年、山科から大坂石山へ本拠を移している。

飯盛城と言えば、何といっても三好長慶の居城として有名だが、木沢長政を殺害した長慶が飯盛城に入るのは、永禄三年（一五六〇）のことだ。河内と摂津にまたがり、山城や大和を視野におくことのできる同城は、戦略的に意味があったのだろう。

長慶は大々的な城の改修工事を行い、また、家臣の七十三名に城内で洗礼を受けさせたり（長慶は自らキリシタンになることはなかったが、キリシタンを庇護した）、連歌会や茶会を催したりもしている。光秀が上洛した時、長慶は世を去っていたが、光秀は、信長に先んじて天下を押えた長慶のことをよく知っていただろうし、あるいは尊敬の念すら抱いていたかもしれない。彼は、ある感慨を持って飯盛城の威容を眺めたのではないか。

長慶の死後、飯盛城は三好氏関係者が治めていたようだが、前述の光秀らの攻撃により、織田方の支配に移った。そして、信長が河内・摂津両国を平定した天正四年（一五七六）、廃城令によって廃城になったとされる。

現在、飯盛山西麓の、楠《くすの》木《き》正行《まさつら》（楠木正成《まさしげ》の嫡男）を祀る四条畷《しじょうなわて》神社から、山頂の城址まで遊歩道が整備されている。飯盛城の城域は南北七百メートル、東西四百メートルにも及ぶ全国でも有数の規模だった。尾根筋に百を超える曲輪が築かれ、周囲は石垣で囲まれていたとされ、今も曲輪や石垣、土塁、堀切などの遺構が確認できる。

■飯盛城址　大阪府四条畷市南野・大東市北条
ＪＲ片町線四条畷駅または同野崎駅から徒歩六十分

第三十八場　河内高屋城～三好康長・遊佐信教と対戦する～（大阪府羽曳野市）

天正二年（一五七四）十月、光秀は信長の命により、佐久間信盛らと共に再び河内に入り、河内高《たか》屋《や》城を攻めた。前月にも河内攻めを行い、成果を上げた織田軍であったが、高屋城主となっていた、

河内高屋城に利用された高屋築山古墳（安閑天皇陵）

元畠山氏家臣の遊佐《ゆさ》信教《のぶのり》が、反信長の三好康長と共にいまだ同城に籠城していたのだ。河内高屋城へは飯盛城から東高野街道を南へ二十キロほど下らなければならなかった。

　この時光秀は、塙直政、羽柴秀吉、丹羽長秀、柴田勝家、細川藤孝、佐久間信盛（錚々たる顔ぶれである！）との連署で、紀州の根来寺《ねごろじ》（和歌山県岩出市）の衆徒へ戦いに参加するよう書状を送っている。根来寺は新義真言宗の総本山だが、戦国時代には根来衆という僧兵一万余を持つ一大軍事集団であった。種子島から持ち帰った火縄銃によって、鉄砲隊がつくられたことでも有名で、光秀らは彼らの協力を仰いだのである。

　しかし、この時は河内高屋城の攻略

はならなかった。翌天正三年（一五七五）四月四日、光秀は二千余の兵を率いて、再び河内高屋城に向け出陣した。そして、六日には信長自らが一万余の兵と共に京都を出発した。他に柴田勝家・佐久間信盛・滝川一益《たきがわいちます》も参陣し、光秀は彼らとの連署で交野城主の片岡弥太郎に協力を指示している。

織田軍が到着すると、河内高屋城周辺で両軍による激しい戦闘が行われた。十三日には戦いの場が住吉に移り、十四日には石山本願寺周辺が戦場と化した。実は、本願寺を叩くのも信長の目的の一つだったようだ。

そして十九日、各地からの増援で十万に膨らんだ織田軍の前に、三好康長はついに投降したのだった。しかし、遊佐信教はその後も本願寺勢力と共に信長に対抗し続けたともいわれる。

河内高屋城は、応永《おうえい》年間（一三九四〜一四二八）に畠山基国《もとくに》によって、高屋築山《たかやつきやま》古墳（安閑《あんかん》天皇陵）を利用して築かれたとされる。その後、長く畠山氏の居城であったが、永禄二年（一五五九）頃から三好長慶の支配下に入り、同年二月には上洛中の信長と、長慶はこの城で面会している。

その後、畠山氏と三好氏との間で目まぐるしく城主が入れ替わり、天正元年（一五七三）に信長派の城主・畠山秋高《あきたか》を義昭派の遊佐信教が攻めて、同城を乗っ取ったのである。

河内高屋城址のある古市周辺は、古くから水陸交通の要衝であった。また、多くの古墳が分布し、「百舌鳥《もず》・古市《ふるいち》古墳群」として、二〇二〇年の世界文化遺産登録が決定したことは、周知のとおりである。古墳には土が盛られ、堀もあることから、城郭に流用する利点は小さくなかったろう。戦国武将たちにとって、古代の貴人が眠るであろう史跡に対する配慮など、おそらく皆無であったに違いない。実際、光秀自身も山崎の合戦の際、古墳に本陣を置いている（二七七頁参照）。

現在、河内高屋城址は、古墳として残る本丸部分以外の、二の丸や三の丸の跡などは宅地化されて、ほとんど遺構を見ることができない。

■河内高屋城址　大阪府羽曳野市古市五
近鉄南大阪線古市駅から徒歩十分

第三十九場　龍門寺城～越前一向一揆を攻める～（福井県越前市）

天正三年（一五七五）四月二十一日、信長は河内遠征を終えて京都に帰った。光秀もその頃坂本に戻ったのだろう。信長は、武田勝頼に囲まれた長篠城（愛知県新城市）の救援を家康から頼まれたため、同月二十八日に京都を出発し、光秀の船で坂本から佐和山に渡り、岐阜に戻ったという。

そして五月二十日、織田・徳川連合軍は、武田軍との長篠合戦に臨み、鉄砲隊を駆使して勝利する。この戦いに光秀は参加しなかったようだ。同月二十四日、光秀は坂本城を訪問した吉田兼見に、長篠合戦の様子を知らせてきた信長の書状を見せている。

さて、同年七月三日、光秀に嬉しい出来事があった。信長の計らいで、朝廷から日向守《ひゅうがのかみ》に任じられたうえ、惟任《これとう》という姓も与えられたのである。以後光秀は、惟任日向守と名乗るようになった（ちなみに、丹羽長秀も惟住《これずみ》という姓を賜っており、秀吉が筑前守《ちくぜんのかみ》に任じられたのもこの頃と考えられている）。しかし、今回もまた、光秀に安閑とする余裕はなかった。そのひと月後に越前一向一揆攻めへの参陣を命じられたのだ。

八月十二日、信長は岐阜城を出発、光秀、秀吉、柴田勝家らを率いて北近江から越前に入り、一向宗徒を攻撃した。越前は二年前の天正元年に朝倉氏が滅んでのち、信長の命で朝倉旧臣の前波長俊《まえばながとし》が守護代になっていたが、その後一向宗徒の謀略で自殺に追い込まれ、同国はいわば一揆の国になっていたのだ。

越前国の奪還を図るため、三万の軍勢で乗り込んだ信長は、敦賀に陣取り、光秀と秀吉を先鋒として海岸側から府中（福井県越前市）に送り込んだ。光秀らは府中の

龍門寺城址に建つ龍門寺

龍門寺《りゅうもんじ》城を奇襲してこれを占拠。そうしておいて、八月十六日、信長は一万余を率いて木ノ芽峠を越え、一揆軍を攻め立てた。たまらず北へ敗走する敵兵が府中へ逃げ込んできたところを、光秀と秀吉は次々と討ち取ってゆく。その数は二千余に達したといわれる。

信長は龍門寺城に本陣を置き、一揆指導部の下間和泉《しもつまいずみ》や若林長門守《わかばやしながとのかみ》らを討ち取り、ほどなく越前は平定された。八月十九日までに捕虜となった敵兵の数は一万二千二百五十余名に上り、これを信長は小姓衆に命じて、ことごとく虐殺した。「府中は死骸ばかりにて、一円空きどころなく…」と信長は、村井貞勝に宛てた書状の中で記しているが、その惨劇には光秀も深く加担していたのである。

龍門寺城は、天正元年（一五七三）に朝倉氏の家臣であった富田長繁《とだながしげ》が、曹洞宗の龍門寺に築いた平城とされる。その後一向一揆に攻められ、光秀が攻め入った時には三宅権之丞という門徒が籠っていた。信長が一向一揆を平定したあと、信長の家臣・不破光治《ふわみつはる》が城主となったが、府中を受領した前田利家《としいえ》が府中城を築くと、龍門寺城は破城になったのかもしれない。

天正十六年（一五八八）に龍門寺が再建されており、現在は住宅街の中に建つ、ごく普通の寺院に見えるが、墓地の部分が一段低くなっているのは、龍門寺城の堀の名残だとされる。

■龍門寺城址　福井県越前市本町
ＪＲ北陸本線武生駅から福鉄バスで「桜町」下車、徒歩三分

第四十場　大聖寺城～加賀一向一揆を攻める～（石川県加賀市）

越前を平定した織田軍は、天正三年（一五七五）八月二十三日、光秀・秀吉らが再び先鋒となって、北国街道を北へ五十キロほど走り、加賀国《かが》（石川県南部）に侵攻した。『明智軍記』には、越前時代にも光秀は、朝倉氏と加賀一向一揆の戦いに参陣し、鉄砲隊をまとめて戦果を挙げ、朝倉義景から感状と馬を賜ったとあるが、やはり信憑性には乏しいようだ。

さて、加賀に入った光秀と秀吉は、手取川《てどりがわ》の分流の一つであった今湊川の境に火を付け、乱暴狼藉を働き、あげくは稲の穂まで刈り、大聖寺《だいしょうじ》に城を築いたとされる（『加越闘諍記』）。

しかしこの頃、越後の上杉謙信が、上洛のルートを確保するため、越中一向一揆を攻撃し、さらに加賀へと足を伸ばそうとしていた。当時、信長と謙信は同盟関係にあったが（前年、信長は謙信に「洛中洛外図屏風」を贈っている）、織田軍は上杉軍と対峙する恰好になったのである。

結局、信長は加賀国の江沼《えぬま》郡・能美《のみ》郡（石川県加賀市・小松市・能美市）を占領したが、九月二日には北ノ庄に引き返し、織田軍と上杉軍とが衝突することはなかった。信長は、占領地域にある大聖寺城の改修を柴田勝家に命じ、城主として家臣の戸次広正を置いた。すなわち、大聖寺にはもともと城があったということだ。

大聖寺城は鎌倉時代に外来の領主であった狩野氏が築いたとされ、天文二十四年（一五五五）に朝倉氏が加賀に侵攻するとその居城になったが、永禄十年（一五六七）に一向一揆らが反乱を起こした際、焼き払われていたのである。

馬洗い池
本丸《ほんまる》・二《に》の丸《まる》・西《にし》の丸《まる》に囲まれた場所で、北東部を堰《せき》止め周囲と底を掘窪《ほりくぼ》めて造られた人工池で、岩盤《がんばん》を掘削《くっさく》するなどかなり大規模な工事を行っている。山頂に近い高い位置にありながら、かつては夏でも水が涸《か》れる事がなかったと言われ、篭城《ろうじょう》に備えた飲料水を確保する目的で造られたと考えられる。
錦城山城址保存会
平成29年10月吉日
大聖寺城の馬洗い池跡（錦城山公園）〈写真提供：攻城団〉

上杉軍と織田軍が「手取川の戦い」で初めて対戦したのは、天正五年（一五七七）九月二十六日のことである。柴田勝家率いる織田軍は、上杉謙信の戦略の前に退却を余儀なくされ、その際、大聖寺城に一時駐屯している（光秀は参加していなかった）。

ところで、この戦いは秀吉と勝家が仲たがいしたことでも有名だ。秀吉が当時名乗っていた「羽柴」という姓は、彼が崇拝する丹羽長秀の「羽」と柴田勝家の「柴」をもらい受けたものともいわれるが、秀吉は勝家の作戦が気に食わなかったらしい。勝手に部隊を離脱し、当然のごとく信長の大目玉を食らうが、光秀の目にはそんな秀吉の姿がどう映っただろうか。

信長の命に背くなど、彼には思いも

寄らなかったろうし、背きながらも切腹までは言い渡されない秀吉の「人柄」に、手強さを感じるとともに羨望の念を抱いたかもしれない。

大聖寺城は戸次広正のあと、佐久間信盛や溝口秀勝、山口宗永《むねなが》などが城主を務めた。関ケ原の合戦時に城主だった宗永が西軍に付いたため、東軍の攻撃を受けて落城。その後、加賀藩主となる前田家の家臣が城代を務めるようになるが、元和《げんな》元年（一六一五）に一国一城令によって廃城となった。

現在、城跡は錦城山《きんじょうざん》公園として整備され、曲輪、土塁などの遺構が見られるほか、小堀遠州《こぼりえんしゅう》作の茶室「長流亭《ちょうりゅうてい》」がある。

■錦城山公園（大聖寺城址）　石川県加賀市大聖寺地方町
JR北陸本線大聖寺駅から徒歩十五分

第六幕 丹波計略 1575.7〜

第四十一場　宍人城〜丹波の土豪・小畠氏の協力を得る〜（京都府南丹市）

京都ほかの行政官としても力を発揮してきた光秀だが、天正三年（一五七五）後半からは軍事面の活動に専念することになる。というのも同年五月、長篠の合戦で武田勝頼を破ると、信長はいよいよ丹波計略に乗り出すことを決意し、その責任者に光秀を抜擢したのである。

当時の丹波国は六つの郡からなり、ほぼ現在の京都府と兵庫県にまたがるエリアを占めていた。桑《くわ》田《た》郡、船井《ふない》郡、何鹿《いかるが》郡、天田《あまた》郡が京都府（桑田郡には大阪府が一部含まれる）、多紀《たき》郡、氷上《ひかみ》郡が兵庫県である。

丹波の土豪たちは、信長の上洛に際して、こぞって恭順《きょうじゅん》の意を示したが、信長と義昭が対立してからは、信長に謀反する動きが出てきていた。信長としては、京都のお膝元でのそんな動きを当然放置するわけにはいかなかった。

ただ、それまでから、丹波の土豪たちは合従連衡《がっしょうれんこう》、離合集散を繰り返し、勢力分布が複雑で、一筋縄ではいかない連中ばかりであった。光秀は非常に困難な役割を担うことになったのであるが、そ

本梅川越しに見る宍人城址

れだけ信長の信頼が厚かったということだろう。

六月十七日付けで信長が丹波の土豪・小畠《おばたけ》永明《ながあき》（左馬助）に送った手紙には、今度、明智光秀を遣わして、丹波の反信長勢力（内藤・宇津氏）を誅伐するので、忠勤するように、とある。光秀自身も永明に宛てて、今の知行は安堵し忠勤次第で新知行を与える旨の書状を送っている。以降、永明は光秀の丹波計略になくてはならない、強力な助っ人となった。

七月以降、光秀は丹波の敵と戦ったようだが、八月に入ると、信長の越前一向一揆攻めに従軍したため、永明は光秀抜きで丹波の敵と戦い、傷を負ったらしい。光秀は越前から八月二十一日付けの手紙で、永明に傷の具合を尋ね、くれぐれも養生するよう、見舞っている。

また、九月十六日付けの永明宛ての手紙では、二十一日には丹波に出陣すると伝え、改めて療養を優先するよう伝えている。

その後も光秀は、丹波を離れて各地を転戦するのであるが、その間丹波を任せた永明と頻繁に書状のやりとりをし、情報交換や指示を行った。しかし、永明は天正七年（一五七九）の八上城攻撃の際、討ち死にしてしまう。光秀が丹波平定を達成するわずか八ヵ月前のことだ。

光秀は長年苦労を共にした盟友の死を大いに嘆き、永明の幼少の息子・伊勢千代丸を家督後継者とし、息子が十三歳になるまでの間、後見人を立てることを認めて、小畠家の将来を保証したのであった。こうした小畠氏への一連の扱いからも、光秀の部下に対する優しさが見て取れるのである。

小畠氏は、後三年《ごさんねん》の役で敗れた出羽《でわ》国の武将・清原武衡《たけひら》の後裔《こうえい》といわれ、その後丹波に逃れて小畠を名乗るようになり、桂川支流の本梅《ほんめ》川沿いに宍人《ししゅうど》城を築いて本拠としたとされる。光秀は丹波計略の当初から永明の現地案内を受けていたようだから、おそらく、宍人城にも立ち寄ったことがあっただろう。

宍人城は、標高三百三十五メートル（比高百七十五メートル）の山の頂に築かれていたが、のちには東北の麓に屋敷（宍人館）がつくられた。徳川幕府時代の元和五年（一六一九）、小出吉親《こいでよしちか》が園部に移封された時、園部城を築城する間、その屋敷に居住したといわれる。それまでの城主だった小畠氏は、小出氏に出仕して園部城下へ移ったため、宍人城は破却されたようだ。

今も、山頂部に帯状の曲輪や土塁が、麓部に曲輪、堀、虎口などの遺構が見られる。

■宍人城址　京都府南丹市園部町宍人高原
ＪＲ山陰本線園部駅から京阪京都交通バスで「宍人」下車、徒歩三十分

第四十二場　竹田城～「天空の城」の救援に向かう～（兵庫県朝来市）

越前一向一揆攻めから帰った光秀は、改めて丹波計略に取り掛かるのだが、天正三年（一五七五）十一月、彼は丹波を通り越して、その西隣の但馬国《たじま》（兵庫県北部）に向け出陣する。というのは、同国の山名祐豊《すけとよ》から、赤井直正《なおまさ》に竹田城を攻撃されたので救援願いたいと、信長に要請があったのだ。竹田城は山名氏に属する太田垣《おおたがき》氏が城主を務めていた。

丹波国氷上郡の黒井城主である直正は、信長から氷上、天田、何鹿の三郡を与えられた大豪族であったが、但馬国の出石《いずし》城や竹田城を支配する山名氏と対立するようになっていた。直正は外叔父の荻野《おぎの》秋清《あききよ》を殺害して黒井城を奪ったことから「悪右衛門《あくえもん》」と呼ばれ、また、その勇猛さから「丹波の赤鬼」とも称された。

山名氏はこの年の五月に、伯耆国《ほうき》（鳥取県中西部）から東に勢力を伸ばす毛利氏と同盟を結んでいたが、直正の攻撃を受けて、なぜか信長のほうを頼ったのである。一方信長は、直正には義昭に通じているとの噂が絶えなかったので、この機に叩いておこうと考えたのか、山名氏の要請に応え、丹波攻めの責任者である光秀に出陣を命じたのである。

光秀の軍勢は天引峠《あまびき》（京都府南丹市と兵庫県丹波篠山市の境にある峠）を越え、多紀郡から氷上郡を経て、但馬国の竹田城を目指したのだろう。ところが、光秀の進軍を察知した直正は、竹田城を出て丹波国に戻り、本拠の黒井城に立て籠もった。そこを光秀らは囲むことになるのだが、それについては後述する（一三八頁参照）。

「天空の城」として人気の竹田城址　〈写真提供：吉田利栄〉

竹田城と言えば、今や「天空《てんくう》の城」「日本のマチュピチュ」として大人気だが、その起源は室町時代中期に遡り、但馬守護の山名宗全《そうぜん》によって、永享《えいきょう》三年（一四三一）に築かれたとされる。山名宗全は、応仁の乱の西軍の将として余りにも有名だ。

赤井直正が退去したあと、竹田城には再び太田垣氏が戻るが、天正五年（一五七七）、但馬に侵攻した秀吉が、太田垣氏を追い払って、弟の羽柴秀長を竹田城に入れた。秀長は天正七年五月に信長の命で、光秀支援のため竹田城から丹波に攻め入っている。

その後、桑山重晴《くわやましげはる》や斎村政広《さいむらまさひろ》（赤松広秀）が城主となり、政広は城郭の大改修を行ったが、関ケ原の合戦で西軍に付いたこともあり、徳川幕府の時代に竹田城は廃城となった。

現在、城址には、石垣で囲まれた見事な曲輪跡のほか、天守、井戸、櫓、掘などの遺構が見られる。雲海を見るには、秋から冬にかけての日の出前から午前八時頃までが狙い目のようだ。

■竹田城址　兵庫県朝来市和田山町竹田古城山一六九番地
ＪＲ播但線竹田駅から徒歩四十分

第四十三場　黒井城～波多野秀治の裏切りに遭う～（兵庫県丹波市）

天正三年（一五七五）十一月、赤井直正が竹田城を出て丹波国氷上郡の黒井城に籠城すると、光秀は攻撃の対象を黒井城に変更し、同城の周りに十二、三の陣を築いて包囲した。光秀の丹波攻略には多くの丹波国衆が与しており、多紀郡の有力武将で八上城の城主、波多野秀治《はたのひではる》もそうであった。光秀には秀治に期待するところ大であったろう。

ところが、である。黒井城の攻城戦は二ヵ月に及び、落城も時間の問題と思われた翌天正四年一月十五日、あろうことか秀治が光秀に反旗を翻したのだ。光秀は、地元の農民らの歓心を買うため、徳政令《とくせいれい》を出し、年貢の減免など落城後の統治に向けた措置を取っていただけに、ショックは大きかっただろう。

秀治は表面では光秀に従うそぶりを見せながら、水面下で反信長の豪族たちと協力体制を築いていたのだ。弘治三年（一五五七）に松永久秀に奪われた八上城を、秀治が永禄九年（一五六六）に奪還する際、直正の支援を受けたことも、理由としてはあったようだ。

秀治の軍勢に背後を突かれた光秀軍は総崩れとなり、黒井城からの退却を余儀なくされた。光秀の女婿《じょせい》である織田信澄《のぶずみ》が救援に向かおうとしたが、光秀はそれを待たず、同月二十一日に京都に帰っている。

翌月には吉田兼見が坂本城に光秀を見舞っているから、この負け戦は、都でもショッキングに受け止められていたのだろう。光秀が捲《けん》土《ど》重来《ちょうらい》を期して、再び黒井城を攻め、制圧に成功するのは、これから三年後のことになる（一九七頁参照）。

この頃、鞆《とも》（広島県福山市）に逃れていた足利義昭が、多方面に反信長戦を呼び掛けていたこともあって、秀治の裏切りがきっかけ

黒井城址からの絶景パノラマ

となり、天正五年（一五七七）には松永久秀・別所長治《べっしょながはる》が、天正六年には荒木村重が相次いで信長に背いていく。

黒井城は、猪ノ口山《いのくちやま》（標高三百五十六メートル、比高二百五十メートル）の山頂付近につくられた山城で、十四世紀の初頭に赤松貞範《さだのり》が築いたといわれる。その後、赤松氏に代わって荻野氏が城主となるが、天文二十三年（一五五四）正月、前述のとおり赤井直正が荻野秋清を暗殺し、黒井城を乗っ取ってしまったのだった。

山崎の合戦で光秀が滅んだあと、黒井城には秀吉配下の堀尾吉晴《よしはる》が入ったが、その後、江戸時代を迎える前に、同城は廃城になったようだ。現在、山頂の城址は整備され、本丸、二の丸、三の丸や帯状曲輪、野面石済みの跡が見られる。登るのには少し骨が折れるが、管理が行き届いており、多くの遺構とともに、丹波市一円を望む三百六十度の絶景パノラマが満喫できる。

■黒井城址　兵庫県丹波市春日町多田
ＪＲ福知山線黒井駅から徒歩五十分

第七幕 石山合戦

1576.4～

第四十四場　石山本願寺～本願寺勢力の拠点を攻める～（大阪府大阪市）

黒井城攻めに失敗した光秀は、丹波攻略を一旦中断して坂本へ帰ったが、ゆっくりしている暇はなかった。天正四年（一五七六）四月、信長が大坂の石山本願寺攻めに乗り出したのだ。

信長は天正二年（一五七四）に長島一向一揆を、同三年には越前一向一揆を壊滅させていた。ここで一向一揆の本拠地である石山本願寺を滅ぼし、一気に片を付けようとしたのである。信長は、光秀ほか原田（塙）直政、荒木村重、細川藤孝らに大坂への出陣を命じた。

その命を受けて、光秀は気が重かったのではないか。黒井城でポカを出して落ち込んでいるうえに、相手はほかならぬ一向宗徒である。四年前の野田・福島城の戦いでは、三好三人衆らを追い詰めながら、石山本願寺の参戦で逆転させせられた苦い経験があった。何より、前年の越前一向一揆攻めで、討っても討っても、雲霞《うんか》のごとく押し寄せてくる一向宗徒の鬼気《きき》迫る形相《ぎょうそう》は、まだ、生々しい記憶として光秀の頭に沁みついていたに違いない。

ところで、一向宗すなわち浄土真宗は、鎌倉時代の僧・親鸞《しんらん》を宗祖とする。十五世紀の半ば、第八

大阪城公園内に立つ石山本願寺推定地碑

世宗主・蓮如《れんにょ》の時に、急速に発展拡大し、組織化された信者が、統治者等への抵抗運動である「一向一揆」を各地で起こすようになった。

蓮如は文明十五年（一四八三）に山科本願寺（京都市山科区）を創建するが、天文元年（一五三二）八月、法華一揆と手を組んだ管領・細川晴元らの攻撃により焼き払われる。山科を追われた第十世宗主・証如《しょうにょ》は翌天文二年、大坂に石山本願寺を築き、教団の本山にしたのである。

当時から大坂は水陸交通の要衝で、石山本願寺は堀や塀、土居を備えた城郭都市を形成し、数万の門徒衆を擁する戦国の一大勢力となった。

信長と本願寺は、元亀元年（一五七〇）九月十二日に始まった野田・福島城の戦い以来、「石山合戦」と呼ばれる長期戦を繰り広げるのだが、天正四年の合戦は、やはり光秀にとって大変な苦戦を強いられるものとなる。

それは後述するとして（一四四頁参照）、両者は天正八年（一五八〇）閏《うるう》三月五日、正親町天皇の勅令によってようやく和睦し、十一世宗主・顕如は紀伊国鷺森《さぎのもり》（和歌山市）へ移り、十一年に及んだ石山合戦は終わりを告げた。なお、顕如の息子・教如《きょうにょ》が退去した直後に本願寺の建物は火災により焼失。徹底抗戦を主張した教如は、顕如から義絶《ぎぜつ》されており、火災は本願寺強硬派の放火によるものだったようだ。

その後、跡地には豊臣秀吉によって大坂城が築かれ、大坂の陣で豊臣氏が滅んでのちは、徳川氏がそれを大改修（天下普請）したため、現在の大阪城公園に、本願寺の遺構はほとんど残されておらず、公園敷地の南西寄りに「石山本願寺推定地」と刻まれた石碑が立つばかりだ。

なお、本願寺は鷺森のあと貝塚《かいづか》、天満《てんま》を経て、天正十九年（一五九一）に京都に移るが、教団の内部対立は継続し、徳川幕府が成立した慶長八年（一六〇三）、現在のように東本願寺と西本願寺に分かれた。

■大阪城公園　大阪府大阪市中央区大坂城
JR大阪環状線大阪城公園駅または森ノ宮駅から徒歩十五分

第四十五場　天王寺砦～本願寺軍の攻撃に苦戦する～（大阪府大阪市）

天正四年（一五七六）四月、石山本願寺を攻撃した織田軍のうち、光秀と藤孝が、森口と森河内に砦を築き、原田（塙）直政が天王寺に砦を築いた（塙直政は前年、備中守に任ぜられるとともに、原田姓を賜っている）。そして光秀は、佐久間信盛の息子・信栄《のぶひで》と共に天王寺《てんのうじ》砦に布陣した。

五月三日、総大将となった原田直政は、三好康長（前年の河内高屋城の戦いで降伏後、信長方についていた）や大和衆らを率いて総攻撃を開始するが、本願寺軍の鉄砲隊による猛反撃に逢い、直政は戦死してしまった。

直政は信長の古くからの重臣で、二年前に南山城を、前年には大和をそれぞれ信長から与えられていた（二ヵ国の守護）。光秀とは上洛以来、河内高屋城の戦いや越前一向一揆攻めで共に戦っているから、光秀にとっても直政の死は少なからずショックだったろう。

総大将を討ち取って勢いづいた本願寺軍は、天王寺砦に攻め寄り、籠城していた光秀は、俄然窮地に陥った。信長はこの年の二月二十四日、完成した安土城に居を移したが、四月末には京都に入っていた。大坂の戦況を聞いた信長は五月五日、佐久間信盛を先鋒にして京都から出陣。七日には自ら天王寺に向かった。

本願寺軍一万五千に対し、織田軍は三千ほどだったが、信長は家臣が止めるのも聞かず、足軽に混じって指示をしながら駆けまわり、足に鉄砲による軽傷を受けたという（『信長公記』）。その甲斐あってか、織田軍は敵陣を次々と切り崩し、ついには天王寺砦の光秀はじめ籠城の兵らを助け出した。こ

天王寺砦があったとされる月江寺付近

の時光秀は、正に主君・信長によって命を救われたのである。

さらに信長は、荒木村重に命じて本願寺の拠点の一つ、木津城（大阪市西成区）を攻撃させて一揆軍を圧倒し、逆に彼らを本拠の石山本願寺まで押し返した。これにより、本願寺勢は以後四年に及ぶ石山本願寺での籠城戦の時代に入るのである。

吉田兼見は五月十二、十三日に天王寺を訪れ、信長、光秀、藤孝をそれぞれ見舞っている。この戦いで一揆軍の猛攻を受けた光秀は、相当のダメージを受けたのであろう、帰洛後に病を発症し、五月二十三日に名医・曲直瀬《まなせ》道《どう》三《さん》の治療を受けた。

症状はかなり重かったようで、光秀の妻・熙子が兼見に病気平癒《へいゆ》の祈祷を頼んだり、信長が病気見舞いの使いを光秀の元に差し向けたりしている。幸い七月には彼の病気は回復するが、十月になって今度は熙子が病気に伏し、兼見がその見舞いに坂本城を訪ねている。

光秀の病は、あるいは伝染性のもので、看病を通じて熙子に感染したのかもしれない。ともあれ、熙子の病状は、一旦は持ち直すものの、十一月七日に彼女は亡くなったようだ。最愛の妻の死に、光秀の傷心はいかばかりであったろう。

天王寺砦は、大阪市天王寺区にある月江寺《げっこうじ》の辺りに築かれていたとされるが、市街地のど真ん中ということもあり、遺構は無く、石碑なども立てられていない。

■天王寺砦跡　大阪府大阪市天王寺区生玉寺町（月江寺付近）
大阪メトロ谷町線四天王寺前夕陽ヶ丘駅から徒歩五分

第四十六場　雑賀城～つわもの集団・雑賀衆を討つ～（和歌山県和歌山市）

石山本願寺攻めの年が明けた天正五年（一五七七）二月、光秀は病み上がりにも関わらず、信長に従い紀伊国《きいこく》（和歌山県）に侵攻した。京都から八幡に出、若江城に立ち寄ったあと、紀州街道（現・国道二十六号線）を南下、和泉国《いずみのくに》の岸和田、泉佐野を経て、和歌山に向かった。

当時紀伊国では、寺社勢力や地侍集団が力を持ち、信長が目指す天下一統の妨げとなっていた。中でも強大な軍事力を有する根来《ねごろ》衆と雑賀《さいか》衆は脅威だった。実際、雑賀衆の鈴木孫一《まごいち》（重秀《しげひで》）は、野田・福島城の戦い以降、本願寺と結んで信長を苦しめていたのだ。

雑賀衆は五つの地侍集団によって構成され、紀ノ川の河口部を本拠としていたことから、海運・貿易に長け、また根来衆同様、鉄砲隊を備えていたので、応仁の乱の頃から傭兵《ようへい》集団として、各地で活躍するようになったという。

さて、幸いにも根来衆を味方に付けることができた信長は、三月一日、光秀、細川藤孝、荒木村重に命じて、孫一の居城を攻めさせた。このころには、この三人が信長政権における畿内経営の主要人物になっていたのである。

ちなみに、藤孝の子・与一郎（忠興）は、こ

雑賀城址から望む和歌浦湾

の時十五歳にして初陣を飾っている。

しかし、雑賀衆はやはりあなどれなかった。孫一は雑賀城の周囲に多くの砦を築き、鉄砲隊を駆使して迎撃。『信長公記《しんちょうこうき》』には、光秀らは竹束で弾丸を防ぎながら攻め寄った、とある。雑賀軍は、一旦は織田軍の攻撃を退けたといわれ、和歌山市和歌浦東照宮の祭礼として、今に伝わる「雑賀踊り」はその勝利を祝って始まったといわれる。だが、戦闘が長引くにつれ、雑賀側の劣勢が明らかになり、三月二十一日、孫一は七人の連署による誓詞を出して、織田軍に降伏した。

信長は二十五日に帰京し、二十七日には安土に帰っているが、光秀は佐久間信盛、丹羽長秀、羽柴秀吉、荒木村重と共にしばらく当地に留め置かれた。要害の築設のためだったようだ。

一方の孫一は、その後、豊臣秀吉に仕え、関ヶ原合戦直前に勃発した「伏見城の戦い」で、西軍武将として、徳川氏の重臣・鳥居元忠《とりいもとただ》を一騎打ちのすえ討ち取ったといわれる。

雑賀城は、景勝地・和歌浦《わかのうら》にある妙見山《みょうけんさん》（標高二十メートル）の台地部分に築かれていた。城郭のほか周辺には屋敷や町家が立ち、城下町の様相を呈していたといわれる。天正十三年（一五八五）の秀吉による紀州征伐までには廃城になっていたようで、現在、付近に「城跡山公園」が整備されているものの、明確な遺構は見られない。

■雑賀城址　和歌山県和歌山市和歌浦中三
ＪＲ阪和線和歌山駅または南海本線・ＪＲ紀伊本線和歌山市駅から和歌山バスで「和歌浦口」下車、徒歩五分

第四十七場　大和片岡城～再び松永久秀を攻める～（奈良県上牧町）

天正五年（一五七七）八月、石山本願寺の包囲のため天王寺砦に詰めていた松永久秀が、また信長に背き、大和の信貴山《しぎさん》城に立て籠もった。信長は、織田氏の右筆・松井有閑《ゆうかん》を信貴山城に派遣して久秀を説得しようとするが、久秀は会おうともしなかった。

『信長公記』によると、信長は、「存分に思うところを申せば、望みをかなえてやろう」とまで伝えさせたという。たびたびの逆心に苦々しく思いながらも、後年「戦国の三梟雄《きょうゆう》」の一人に上げられる久秀の才覚に、信長は一目も二目も置いていたのだろう。ちなみに、三梟雄の他の二人は、斉藤道三と北条早雲《ほうじょうそううん》、もしくは道三と宇喜多直家《うきたなおいえ》とされ、確定的なものでは無いらしい。

さて、久秀の謀反は、上杉謙信《うえすぎけんしん》、毛利輝元《もうりてるもと》、石山本願寺ら反信長勢力に呼応してのこととされるが、大和の覇権《はけん》をめぐって長く争った宿敵の筒井順慶が、原田直政の死後、信長によって大和の守護に抜擢されたことも面白くなかったようだ。

信長は九月、嫡子の信忠を大将とする軍勢で、大和の久秀を攻めさせた。信忠は前年の十一月、信長から織田家の家督を譲られ、安土城に移った信長に代わって岐阜城の城主になっていた。光秀は信忠を支援するため、細川藤孝、筒井順慶らと共に五千の兵を率いて、十月一日に久秀の属城で、久秀の家臣・森秀光の守る大和片岡《やまとかたおか》城を攻撃した。

大和片岡城は、大和川の支流、葛下川《かつげがわ》西の丘陵地（標高九十メートル、比高四十八メートル）にあった平山城で、光秀の軍勢は坂本を出て、山科から奈良街道を南下し、宇治、木津、郡山《こおりやま》を経て、

大和片岡城址の本丸と空堀の跡

現地に向かったのであろう。ちなみに、郡山には順慶の居城・大和筒井城があった。

大和片岡城の籠城兵一千の抵抗は強く、織田軍側も多数の死傷者を出す激しい攻城戦となったが、光秀や、藤孝の息子・与一郎（忠興）らの目覚ましい活躍により、ほどなく同城は陥落した。『信長公記』によると、光秀はさまざまに手段をつくして、屈強の者二十余人を討ち死にさせた、という。

与一郎（忠興）は、三月の紀州征伐に続く出陣であったが、この時の働きにより、十二歳の弟・頓五郎（興元《おきもと》）と共に信長から後日、「年もいかない二人の戦いぶりは比類なきもの」として、直筆の感状をもらっている。

大和片岡城は、十五世紀末から十六

世紀初頭の頃に、守護大名・畠山尚順《ひさのぶ》の家臣である片岡氏によって築かれたとされる。永禄十二年（一五六九）に始まる松永久秀の攻撃によって、翌元亀元年には松永氏の支配下となった。

大和片岡城のあった丘陵地は、現在も住宅街の中に残されており、一部は農地となっているが、本丸の曲輪や土塁などのほか、南北百八十メートルに及ぶ大堀切（空堀）が見られる。

■大和片岡城址　奈良県北葛城郡上牧町下牧
ＪＲ和歌山線畠田駅から徒歩十分

第四十八場　信貴山城～久秀父子を自刃に追い込む～（奈良県平群町）

大和片岡城を落とし、余勢を駆った光秀らは、天正五年（一五七七）十月三日、松永久秀・久通父子が籠る信貴山《しぎさん》城に向かった。信貴山城は、生駒山地の南部に位置する信貴山（標高四百三十三メートル、比高三百四十メートル）の山頂にあった山城で、光秀らは、大和片岡城から北上して大和川《やまとがわ》を渡り、信貴山南麓から登っていったのだろう。

光秀らが織田信忠、佐久間信盛らの軍勢と合流して信貴山城を攻撃すると、さしもの久秀父子も同月十日、城内に火を放って自刃した(久通は城を脱出し、逃走途上に殺害されたとも)。落城前に信盛が、

久秀の所有する名器「平蜘蛛《ひらぐも》茶釜」を城外へ出すよう求めると、久秀は「茶釜も自分の首も信長にはお目にかけようとは思わぬ。鉄砲の火薬で粉々に打ち砕くことにする」と答えたという（『川角太閤記《かわすみたいこうき》』）。

久秀は十年前の永禄十年（一五六七）、三好三人衆との戦いで東大寺を奇襲し、その際大仏殿が焼失して大仏の首も焼け落ちたことがあったが、その月日が久秀の死んだ日と同じ十月十日であったため、これはひとえに春日明神の天罰に相違ない、と人々は噂し合ったらしい（『信長公記』）。神仏習合の時代にあっては、当然の反応だったのだろう。

光秀にとっては、ある時は味方、ある時は敵と目まぐるしく立場を変えた戦国の梟雄・松永久秀は、ここに姿を消したのであった。享年六十八（死の直前まで謀反を繰り返した久秀を思えば、光秀の六十七歳死亡説もあながちありえない話ではないのかもしれない）。

信貴山は、雄岳（北峰）と雌岳（南峰）の二峰からなり、南側の山腹には、毘沙門天を祀る信貴山真言宗朝護孫子寺《ちょうごそんしじ》が建つ。同寺は平安時代以前の創建とされ、光秀らの攻撃の際に焼失するが、後年、豊臣秀頼《ひでより》によって再建された。現在も多くの伽藍が立ち並び、一種エキゾチックな独特の雰囲気が辺りを払う。

信貴山城は、天文五年（一五三六）に、河内・山城南部の守護代で、飯盛城の城主でもあった木沢長政が築いたとされる。大和国を制圧した松永久秀が城主となるのは、永禄三年（一五六〇）のことだが、同城は大和国と河内国を結ぶ要衝にあったため、たびたび争いの舞台となった。永禄六年に筒井氏に、同十一年には三好康長に奪われるが、いずれも久秀はすぐに奪い返している。

信貴山城は、百以上の曲輪を持つ大和国最大規模の城郭で、四層の天守もあったとされ、信長が安

朝護孫子寺から望む信貴山

土城を築く時、(嫉妬して?)それを参考にしたともいわれる。信貴山の東麓側はなだらかで、中腹まで住宅開発が進んでいるが、朝護孫子寺からは急勾配の参道が七百メートルほど続く。『信長公記』に、「鳥獣も立つことのできない険しい高山を、信忠が鹿の角の兜を振り立て振り立て攻めのぼった」とあるのが納得できる。

ようやくたどり着いた山頂には、城跡を示す石碑が立ち、本丸、二の丸、三の丸の曲輪跡や松永氏の屋敷跡などが残る。

■信貴山城址　奈良県生駒郡平群町信貴山二二八〇・一
JR関西本線王寺駅から奈良交通バス「信貴山行き」で終点下車、徒歩三十分
近鉄信貴線信貴山口駅から西信貴ケーブルで「高安山駅」下車、近鉄バス「信貴山門行き」で終点下車、徒歩六十分

第八幕　亀山築城　1577.10

第四十九場　亀山城～丹波に居城を築く～（京都府亀岡市）

大和攻めを終えて坂本城に帰った光秀は、疲れを癒す間もなく、ほどなくして丹波計略を再開する。天正三年に黒井城攻めに失敗して以来、二年ぶりのことであった。まずは、抵抗勢力の誘降に取り掛かる。

『細川家記』によると、丹波の入り口の桑田郡亀山では、反信長の内藤定政《さだまさ》が亀山《かめやま》城（荒塚城）に構えていた。が、定政が死に幼い息子が跡を継いだので、光秀は、家老の安村次郎右衛門に書状を送り勧誘したが、次郎右衛門は信長を信じず、応じなかった。

そこで、光秀は天正五年（一五七七）十月十六日、細川藤孝・忠興父子と共に亀山城へ攻撃を仕掛けた。戦いは三日三晩に及んだが、やがて城兵は持ちこたえられなくなって、ついに降伏を申し出た。その時、忠興が「落城寸前の降伏は認められない」と言って、搦手《からめて》から攻め入ろうとしたのを、光秀は諫止《かんし》したという。もともと光秀は、戦わずに降伏させることをモットーにしていたようだ。

光秀は投降した内藤氏をすべて許し、自らの家臣団に加えた（これにより、並河掃部《なみかわかもん》・四王天但馬《しおうてんたじま》守《かみ》・荻野彦兵衛などの丹波衆が、光秀の傘下に入っている）。そして、丹波計略の拠点として亀山城を新しく普請することにしたのであった。

光秀は、たびたび小畠永明に亀山城の惣堀普請などに関して書状を送っており、光秀自身も、坂本城から亀山へ足を運んで、普請の指示をしたようだ。惣堀を築いていたのであれば、すでに城下町を形成するような大規模な城づくりが進められていたのだろう。

亀山城の工事は天正九年（一五八一）頃まで続けられ、周知のとおり、天正十年の本能寺の変の際、光秀はこの城から出陣することになる。

亀山城が完成し、光秀が坂本城と亀山城の二つの城を支配すると、当然家臣や領民が、京を通過して頻繁に両城を行き来するようになる。

亀山城の外堀跡を取り入れた南郷公園

天正九年十二月四日、光秀は「家中法度」を定め、その中で「坂本と丹波を往復する輩は、上は紫野から白川越え（志賀越え／山中越え）を通り、下は汁谷越え（渋谷越え）から大津を通ること」とルートを厳密に決めているほか、洛中洛外での遊興・見物、他家との口論の禁止、偉い武家衆に出会った時の挨拶の仕方など、細かく規制しており、几帳面な光秀の性格が伺える。

光秀が滅んだあとも、亀山城は口丹波の拠点だけあって、秀吉の養子の羽柴秀勝（信長の四男で秀吉の養子）や豊臣秀勝（秀吉の甥）、小早川秀秋《こばやかわひであき》、前田玄以《げんい》など、名だたる人物が城主として入城した。江戸時代には、丹波亀山藩の拠点となり、城下町が整備されるが、明治の廃藩置県後、亀山城は廃城となった。現在、本丸跡には大本教の教団施設が建てられ、外堀であった南郷池《なんごういけ》を中心に南郷公園が整備されている。

光秀の時代から三層の天守があり、小早川の時代に五重に改修されたといわれるが、それら城郭を偲ぶものは残されておらず、現在見られる堀や石垣は、後年改変されたもののようだ。なお、大覚寺（京都市右京区）にある明智門と明智陣屋は、亀山城の一部が移築されたものといわれる。

ちなみに明治維新の際、伊勢亀山藩との混同を避けるため、藩名が亀岡《かめおか》藩となったのがきっかけで、亀岡の地名が定着した。

■亀山城址　京都府亀岡市荒塚町内丸一
ＪＲ嵯峨野線亀岡駅から南へ徒歩十分

第五十場　余部城～波多野派の福井氏を討つ～（京都府亀岡市）

天正五年（一五七七）十月、光秀は亀山城から千メートルほど西にある余部《あまるべ》城にも調略を行った。余部城の城主・福井貞政《さだまさ》は波多野氏に従属し、内藤氏同様、反信長の姿勢を示していた。余部城の築城時期は不明だが、福井氏は鎌倉公方《かまくらくぼう》・足利氏満《うじみつ》の四男・福井満貞《みつさだ》の子孫といわれる。

光秀は、使者を送って貞政に、早く降伏して忠節を尽くすよう呼びかけるが、貞政は「名を後世に残すのが武門の道」として、使者の髻《もとどり》を切り、腰《こし》刀《がたな》を取り上げて追い返した。

鎌倉公方と言えば、室町幕府における関東統治の長官である。その子孫としては、出自不詳の光秀ごときにとても従う気にはならなかったのだろう。

貞政の仕打ちを光秀は黙認できようはずがなく、余部城への攻撃を開始。城兵との間で何度か戦闘が繰り返された末、天正六年（一五七八）六月三日

余部（丸岡）城碑の立つ西岸寺

に、光秀の軍勢が宇津根・雑水川・安行山の三方から城壁を壊して攻め入ると、ついに余部城は落城した。この時、貞政は本丸の持仏堂で自害し、三百余の郎等も城と運命を共にしたといわれる。

その後、光秀は亀山城が完成するまで、余部城を丹波の拠点にしたとされ、城郭が取り壊されるのは、江戸時代に入ってからのようだ。

余部城は丸岡城とも呼ばれ、三方を河川で囲まれた台地に築かれた丘城で、現在の西岸寺《さいがんじ》の辺りが本丸の跡とされ（前の道路付近に大手門があったという）、「丸岡城跡」と刻まれた石碑が立つ。遺構としては、西側に堀切の跡が見られるのみだが、今もこの付近には、「古城」「古城裏」「政所」など、城跡を示す地名が残っている。

西岸寺の前を通る道は、江戸時代以来の山陰道だが、光秀の時代においても船井郡の八木・園部方面へ向かう街道と、多紀郡へ向かう街道（当時の山陰道）との分岐点に当たり、戦略的に重要な場所だったのだろう。なお、光秀の余部城攻めは、天正三年（一五七五）二月という説もある。

■余部城址　京都府亀岡市余部町古城
ＪＲ嵯峨野線亀岡駅から徒歩十五分

第五十一場　籾井城～青鬼？を攻略する～（兵庫県丹波篠山市）

天正五年（一五七七）十月二十九日、光秀は丹波国多紀郡東部の籾井《もみい》城を攻めた。

明智軍は亀山から山陰道（現・国道三百七十二号線）を西に進み、船井郡から天引峠《あまびき》を越えて多紀郡に入ったのだろう。籾井城は標高三百九十四メートル（比高百五十メートル）の白尾山《はくびさん》山頂にあり、南側に籾井川が流れ、それに沿って山陰道が走る、交通の要衝であった。

同城は、代々足利氏に仕える籾井氏によって、永正年間（一五〇四～一五二一）に築かれたとされ、光秀が攻めた時の城主は籾井綱利《つなとし》で、綱利の父・綱重《つなしげ》は次男と共に籾井城の東にある安口《はだかす》城（東籾井城）に移り住んでいた。

籾井城の合戦は、激戦の末、籠城側は敗れ、綱利は自刃した。十一月十七日付けの光秀の書状に「籾井両城を陥落させた」とあるので、安口城

も落城したようだが、綱重は銃弾を受けながらも、京へ逃げ延びたといわれる。

　ところで、綱重の妻は八上城主・波多野秀治の妹であり、籾井氏と波多野氏は親戚関係にあった。天正七年（一五七九）に波多野氏が光秀らに滅ぼされたのち、波多野秀治一族の興亡史を籾井氏の子孫らがまとめた『籾井家日記』という軍記が残されている。

　同書では、光秀のことを征服者として批判的に扱っており、「明智十兵衛という族姓も知らぬもの」という記載があるのは、前述したとおりである。

　また、『籾井家日記』には、最後の籾井城主として籾井教業《のりなり》という武将が登場し、教業はその勇猛さから「青鬼」と称されたという。黒井城主・赤井直正は「赤鬼」と呼ばれ恐れられたが、教業のほうは、実在した人物かどうか、確かな史料からは確認できないようだ。

　籾井城址は、現在は籾井城跡公園として整備され、白尾山南麓の禅昌寺《ぜんしょうじ》の左手から登山道が、同山山頂へ通じている。山頂付近には、曲輪や土塁、堀切、土橋の跡が残る。

籾井川から望む籾井城址

■籾井城跡公園（籾井城址）　兵庫県丹波篠山市福住
京都縦貫自動車道八木中ＩＣから車で三十分
舞鶴若狭自動車道丹波篠山口ＩＣから車で二十五分

第五十二場　園部城～「荒木鬼」を降参させる～（京都府南丹市）

天正六年（一五七八）三月、光秀は再び坂本から丹波に入った。滝川一益、丹羽長秀、細川藤孝がこれを助けた。今回の目的は、三年前の黒井城攻めで光秀が辛酸《しんさん》をなめさせられた波多野秀治の居城・八上城の攻撃であった。しかし、八上城の守りは固く、光秀は家臣に城の周りに二重の塀を築かせ、包囲体制をつくったうえで、一旦坂本に帰った。

四月、光秀は信長の命で、大将・織田信忠に従い、本願寺勢力を相手に摂津を転戦する。これには、信長の息子の織田信雄《のぶかつ》・信孝《のぶたか》、光秀の娘婿の織田信澄のほか滝川一益、丹羽長秀が兵を率いて参加し、同月五日から六日にかけて攻撃を加え、麦畑を切り捨てるなどして帰陣した。

室町時代以降、関西では小麦の裏作が急速に進んでいたので、収穫直前に麦畑を荒らすことで、敵方の食料自給に大打撃を与えようとしたのである。

光秀が再び丹波に入るのは、四月十日である。この時、滝川一益・丹羽長秀と共に攻撃したのは、荒木氏綱《うじつな》（山城守）の居城であった。『信長公記』によると、籠城方は激しく応戦したが、光秀は城の水の手を切って降参させ、部下を入れ置いて帰陣したとされる。荒木氏綱は波多野氏に従属していたが、「荒木鬼」と称されるほどの猛将で、天正三年（一五七五）に光秀が攻め入った際には、その軍勢を何度も撃退したほどであったという。

光秀は氏綱の勇猛さを評価して家臣に加えようとしたが、氏綱は病気を理由に辞退し、代わりに息子の氏清《うじきよ》を出仕させた。ところが、氏綱もその後光秀に仕えたようで、本能寺の変の直後に佐和山城に入っており、山崎の合戦で光秀が敗れると、明智秀満に従って坂本城に向かうが、途中、堀秀政の軍と遭遇し、二人の息子と共に戦死したとされる。

また、前に紹介した岐阜県山県市中洞に伝わる光秀の生き残り伝説では、山崎の合戦のあと小栗栖で死んだのは、影武者として光秀の甲冑を身に付けた荒木山城守（氏綱）であったとし、光秀は彼の忠義に感じ入って、その後「荒深小五郎」と名乗り、隠遁生活を送ったという。

ともあれ、光秀が攻めた氏綱の居城であるが、『籾井家日記』の記述からすると、船井郡にあった園部城のように考えられる。しかし、『籾井家日記』は信憑性に問題があり、多紀郡の細工所《さいくしょ》城ではないかとの説もあるようだ。

園部城は、天田郡に向かう街道（現・国

園部高等学校の校門になっている園部城櫓門

道九号線）沿いにあった平山城で、のちの元和五年（一六一九）に初代園部藩主・小出吉親《こいでよしちか》が新たに築城し直し、園部藩の拠点となった。現在、城址は京都府立園部高等学校の敷地となり、櫓門《やぐらもん》や巽《たつみ》櫓《やぐら》、茶所（番所）、石垣・堀跡などが、学校施設の一部として保存されている。

一方、細工所城（兵庫県丹波篠山市細工所）は、園部城址から西へ約十二キロ、国道百七十三号線沿いの山の上（標高四百四メートル、比高百七十メートル）にあり、遺構として方形状の主郭跡や大きな堀切が見られるようだ。

■園部城址　京都府南丹市園部町小桜町
ＪＲ嵯峨野線園部駅から京都京阪交通バスで「園部高校前」下車、徒歩すぐ

第九幕　播磨・摂津攻め　1578.4

第五十三場　上月城～尼子勝久・山中鹿介の救援に向かう～（兵庫県佐用町）

再び丹波入りした光秀であったが、それもつかの間、天正六年（一五七八）四月二十九日、再び信長の命により、滝川一益、佐久間信盛、丹羽長秀、細川藤孝らと共に今度は播磨《はりま》国（兵庫県西部）に向け出陣した。というのは、四月に入って、信長方の尼子勝久《あまごかつひさ》・山中鹿介《しかのすけ》の籠る上月城《こうづき》が、吉川元春《きっかわもとはる》・小早川隆景《たかかげ》・宇喜多直家《うきたなおいえ》の率いる毛利軍に囲まれたからである。

信長は、毛利氏の影響下にある播磨の攻略を、一年前から秀吉に命じていた。美作《みまさか》・備前《びぜん》との境にある上月城は、軍事上重要であり、城主・赤松政範《まさのり》が毛利方に付いていたため、秀吉は、これを攻め落として、毛利氏に出雲を追われた勝久とその家臣・鹿介を同城に入れた。

その上月城が危機に見舞われたと聞いて、三木城を攻略中だった秀吉は、摂津の荒木村重と共に救援に向かったのだが、毛利軍は三万を超える大軍であったため、容易に手を出せないでいたのだ。

そこで光秀らに出動命令が下ったわけだが、坂本から上月城まで百六、七十キロはあったろう。光秀が書写山（兵庫県姫路市）に着陣したのは五月二日だった。ところが、上月城の戦況は膠着状態に

佐用川から眺める上月城址

陥っており、信長は三木城（兵庫県三木市）の攻略に注力するよう秀吉に命じたため、光秀も信忠に従って、三木城の支城である神吉《かんき》城の攻略に向かった。その結果、上月城は織田軍に見放された恰好で、七月五日に落城した。

勝久は自刃、彼が生涯をかけて果たそうとした尼子氏再興の夢はここに潰《つい》えた。鹿介は捕えられ、移送の途中処刑された。「願わくは、我に艱難辛苦《かんなんしんく》を与えたまえ」と三日月に祈ったという逸話で有名な鹿介も、ここに波乱万丈の生涯を終えたのだった。その生きざまは、合理主義者・光秀の目にはどう映ったか。おそらくは、理解に苦しむものであったろう。

上月城は十四世紀半ば、赤松氏の一族・上月景盛《かげもり》によって築かれたとされ、十六世紀後半以降は赤松氏が城主の座についていた。毛利氏の攻撃で落城後、ほどなくして廃城になったようだ。標高二百メートル（比高百メートル）の荒《こう》神山《じんやま》山頂の城址には、土塁・石垣・空堀の跡が残るほか、麓には上月城戦没者合同慰霊碑や山中鹿介追頌之碑が立つ。

■上月城址　兵庫県佐用郡佐用町寄延
JR姫新線上月駅から徒歩三十分

第五十四場　神吉城～毛利方の神吉頼定を討つ～（兵庫県加古川市）

天正六年（一五七八）四月、秀吉を支援するため、播磨西部の上月城へ向かった光秀だが、六月二十七日には織田信忠に従い、播磨南部の神吉《かんき》城の攻撃に加わった。神吉城は加古川の少し西にあったので、上月城からは七十キロほど山陽道を東に戻ったことになる。

神吉城は、南北朝時代に赤松範次が築城したとされ、光秀らが攻撃した時の当主は神吉頼定《かんきよりさだ》で、同じ赤松一族の三木城主・別所長治《べっしょながはる》と共に、同年二月、信長方から毛利方へと寝返っていた。長治は丹波の波多野秀治と親戚関係にあり、秀治の反信長の動きに呼応したものでもあった。三木城は神吉城から二十キロほど東に位置し、三月末から秀吉軍が包囲していた。

そうした中、信忠率いる約三万の織田軍が、神吉城に押し寄せたのである。織田軍には、光秀のほか佐久間信盛、荒木村重、滝川一益、細川藤孝、筒井順慶、稲葉《いなば》一鉄《いってつ》らが加わっていた。籠城する頼定側は約二千。

『信長公記』によると、織田軍は、やぐらを高々と組み上げ、そこから大砲を撃ち込み、敵方の塀ややぐらを壊し、火を放って焼き落としたという。さらに、信盛の調略で頼定の叔父・神吉貞光《さだみつ》を味方に引き入れて、頼定を死に追いやり、その結果、神吉城は七月十六日に落城したとされる。

ちなみに、頼定の弟は、「石の宝殿」で有名な生石《おうしこ》神社（兵庫県高砂《たかさご》市）の宮司を務めていたが、秀吉からの陣所提供の要求を拒否したため、同神社は焼き打ちにされたと伝わる。

一方、秀吉軍による三木城攻めのほうは長期戦になった。だが、「三木の干殺《ひごろ》し」と呼ばれる徹底した兵糧《ひょうろう》攻めにより、二年後の

神吉城中の丸跡に建つ常楽寺

天正八年（一五八〇）一月十七日、ついに城主・別所長治は、城兵らの命と引き換えに、妻子・兄弟ともども自害、三木城は陥落した。

神吉城は、中の丸・東の丸・西の丸・二の丸の四つの曲輪から成り、低層ながら天守もあったらしい。現在、中の丸跡に法性山常楽寺《じょうらくじ》、西の丸跡に真宗寺《しんしゅうじ》が建ち、常楽寺の墓地には頼定の墓がある。

■神吉城址　兵庫県加古川市東神吉町神吉
ＪＲ山陽本線宝殿駅から神姫バスで「神吉」下車、徒歩五分

第五十五場　志方城～黒田官兵衛夫人の実家を攻める～（兵庫県加古川市）

天正六年（一五七八）七月、神吉城を落とした光秀ら織田の軍勢は、引き続き同城の西北三キロほどの所にある志方城《しかた》を攻撃した。志方城の城主・櫛橋政伊《くしはしまさこれ》は、三木城主・別所長治に同調して反信長の立場をとっており、神吉城から多くの兵が逃げ込んでいた。

信雄率いる織田軍七千五百に対し、籠城軍は一千余。多勢に無勢のうえ、城内には赤痢が発生したようで、政伊は八月十日に降伏した。

ところで、政伊は秀吉の軍師・黒田官兵衛《かんべえ》（孝高《よしたか》）の義兄であった。これより十一年前の永禄十年

志方城址に建つ観音寺

（一五六七）、官兵衛は政伊の妹・光姫《てるひめ》を娶っているのだ。官兵衛は播磨国姫路の出身で、はじめ御着《ごちゃく》城主・小寺政職《こでらまさもと》に仕えたが、光姫はその政職の姪に当たっていた。二人の間に生まれた長男が、のちの初代福岡藩主・黒田長政《ながまさ》だ。

天正五年十月、信長から中国征伐の総司令官を命じられた秀吉が姫路に到着すると、官兵衛は居城の姫路城を明け渡して、秀吉に従った。志方城攻めでは、妻の実家を敵に回さねばならなかった官兵衛だが、開城後は、櫛橋一族を黒田家の家臣に迎えている。

光姫は容色麗しく、才徳兼備で、官兵衛はそんな光姫をこよなく愛し、生涯側室を持たなかったという。その点、光秀と共通するが、当然言葉を交わしたであろう二人は、互いにどんな印象を持っていたのだろうか。

備中高松城攻めの陣中、本能寺の変の報を受けて動揺する秀吉に、傍《かたわ》らにいた官兵衛は「殿が天下を取る好機到来ですぞ！」と進言したと伝わるが、あながち、官兵衛は光秀を与《くみ》しやすし、と踏んでいたのかもしれない。

　志方城の落城から九年後の天正十五年（一五八七）、宝岩宗珍和尚が城主の墓碑を守るため、同城跡に曹洞宗の寺院・観音寺《かんのんじ》を創建した。現在、観音寺には志方城の遺構として、内堀の跡が見られるほか、櫛橋家供養の五輪塔がある。

■観音寺（志方城址）　兵庫県加古川市志方町志方町
　ＪＲ山陽本線宝殿駅から神姫バスで「志方西口」下車、徒歩三分

第五十六場　有岡城～謀反した荒木村重を囲む～（兵庫県伊丹市）

　天正六年（一五七八）十月、あろうことか、秀吉と共に播磨で戦っていた荒木村重が、突如信長に反旗を翻した。村重は光秀や細川藤孝と共に、信長の近畿支配を任された重臣であったから、さすがの信長も戸惑ったようだ。

　光秀は信長の命で、松井有閑や万見仙千代《まんみせんちよ》、秀吉らとたびたび村重の籠る摂津の有岡城《ありおか》へ説得に出向いた（有岡城は西国街道に近く、京都からの交通の便はよかった）。光秀にしても、娘（長女）を

村重の嫡男・村次《むらつぐ》に嫁がせていたから、必死に説得を試みたことだろう。しかし、村重は態度を変えず、逆に光秀の娘を離縁し、光秀の元に送り返してきたのだった。

村重が謀反したのは、本願寺の顕如や毛利輝元、その輝元の元に身を寄せていた足利義昭らの調略を受けていたからとされる。小寺政職の命でやはり説得に向かった黒田官兵衛（孝高）が、約一年にわたって有岡城内の土牢に抑留された話は有名だ。

もっとも、『立入左京亮入道隆佐記』によると、光秀らの説得に村重は一旦翻意《ほんい》し、釈明のため安土城に向かおうとするが、途中茨木城に立ち寄った時、城主の中川清秀《きよひで》に「安土で腹を切るより、摂津で敵と戦ったほうがよい」と忠告され、有岡城に戻ったという。清秀は、信長は一度疑いを持ったら必ず滅ぼそうとすることを、村重に言い含めたらしい。


史跡公園として整備された有岡城址（石垣跡）

ともあれ、業《ごう》を煮やした信長は、十一月九日に兵を上げ、光秀もそれに従った。信長らは、同月半ばから十二月にかけて有岡城に攻撃を仕掛け、城の包囲を固めたうえで、年末には一旦摂津から引き揚げた。村重は頑強に籠城を続けたが、やがて兵糧が尽き、天正七年（一五七九）九月二日、妻子らを残したまま、僅かな側近と共に有岡城を脱出し、嫡男・村次の居城・尼崎《あまがさき》城に移った。

主を失った有岡城は、織田軍の総攻撃を受け、十一月十九日に開城した。この時、黒田官兵衛は土牢から救出されたが、一年に及ぶ拘束生活で、両膝が曲がらず、歩くことはおろか、立つこともできない状態だった。以降官兵衛は陣輿に乗って移動するようになったといわれる。

『信長公記』によると、十二月十三日、尼崎の七松という所で、村重の家臣の妻子百二十二人が銃殺刑に処され、そのほか雑用などで仕えた男女五百十二人が、四軒の家に押し込められ、生きたまま焼き殺された。

さらに同月十六日には、村重の妻・だしを含む荒木一族と重臣三十六名が、京都市中を引き回しのうえ、六条河原で斬首された。評判の美人であっただしは、気丈な女性でもあったのだろう、最期の時も、経帷子《きょうかたびら》の帯を締め直し、髪も高々と結い直して、小袖の襟を後ろに引き、落ち着いて立派に斬られたという。

結果的に光秀の娘は、一命を取り留めたことになったが（のちに娘は光秀の家臣・明智秀満に再嫁する）、この信長の残忍な仕打ちを、光秀は本能寺の変を起こすに際して、振り返ったことがあったのではないか。そして、やるなら一気にとどめを刺すべき、と肝に銘じたかもしれない。

有岡城は、南北朝時代に摂津の伊丹氏によって築かれた平城で、当初は伊丹城と呼ばれ、日本最古の天守台があったとされる。天正二年（一五七四）十一月、村重が伊丹氏から同城を奪い取り、その時有岡城に改称された。織田軍の攻撃で開城したのち、信長の家臣・池田恒興の子、元助《もとすけ》が城主となったが、天正十一年（一五八三）、元助の美濃への転封に伴い、有岡城は廃城になった。

ところで、村重であるが、一家を滅ぼされてからも生き残り、信長の死後は大坂で茶人として復帰、天正十四年に堺で死んだ。享年五十二。現在、有岡城の城址は、ＪＲ伊丹駅前に史跡公園として整備されており、石垣や井戸の跡、建物の礎石などが見られる。

■有岡城跡史跡公園　兵庫県伊丹市伊丹一丁目
ＪＲ福知山線伊丹駅から徒歩すぐ

第五十七場　茨木城～中川清秀を帰順させる～（大阪府茨木市）

天正六年（一五七八）十一月十日、光秀は有岡城攻めからはずれ、滝川一益、丹羽長秀らと共に茨《いばら》木《き》城の攻略に乗り出した。茨木城は、有岡城から西国街道を二十キロほど東へ戻った北摂にあった。茨木城の城主・中川清秀は、荒木村重の縁故であり、信長に謀反した村重に同調していたのだ。

一方、同じく村重に従っていた高山右近（重友）の居城・高槻城へは、織田信忠、信雄《のぶかつ》、柴田勝家

茨木城の搦手門を移築したとされる茨木神社東門

配下の不破彦六、前田利家、金森長近などが向かった。また信長は、高槻城へ宣教師オルガンチノを送って説得に当たらせた。周知のとおり右近は、敬虔なクリスチャンだったからだが、これが奏功して右近は信長への帰属を了承した。

こうした信長方の動きに清秀も態度を改め、十一月二十四日、信長の家臣・古田《ふるた》重然《しげなり》らの説得を受け入れて、信長に降ったのだった。ちなみに重然とは、古田織部《おりべ》の名で有名な茶人でもあり、清秀の妹・仙を妻としていた。

信長は同月二十六日、清秀に金子《きんす》三十枚、右近に金子二十枚を与えて、その帰順《きじゅん》を賞したとされる。その後、両者は信長に付いて村重を攻める側に回った。

こうして、右近と清秀は信長の家臣となり、近畿を取り仕切る光秀の組下となった。四年後の本能寺の変のあと、光秀は、当然彼らは自分に付いてくれるものと期待したはずである。しかし、二人は光秀の意に反して、秀吉側に付き、光秀を見限ることになるのだ。

茨木城の起源についてはよく分かっていないが、十四世紀のはじめ頃、楠木正成が築いたという説もあるようだ。長く摂津国の国衆・茨木氏の居城であったが、元亀二年（一五七一）八月の白井河原の戦いで、荒木村重・中川清秀の軍に攻められて、茨木氏は滅亡し、その後、清秀が茨木城の城主となったのだった。

清秀は天正十年（一五八二）の本能寺の変後、秀吉に付き、山崎の合戦で活躍するものの、翌年の賤ケ岳《しずがたけ》の戦いで戦死、同戦いで「賤ケ岳の七本槍」の一人に上げられた片桐且元《かたぎりかつもと》が、清秀の後を継いで茨木城の城主となった。

しかし、江戸幕府の一国一城令により、摂津国では高槻城のみを残すことになり、元和二年（一六一六）に茨木城は破却された。現在、城跡付近は宅地化されて遺構らしきものは残っていないが、茨木神社の東門は、茨木城の搦手《からめて》門を移築したものとされ、また、同城の櫓門が、茨木小学校の校門として、原寸大の木造瓦葺《かわらぶき》で復元されている。

■茨木城址　大阪府茨木市片桐町
阪急京都線茨木市駅から徒歩十分
JR東海道線茨木市駅から徒歩十五分

第五十八場　三田城～秀吉に協力して荒木平太夫を攻める～（兵庫県三田市）

茨木城を攻略したあと、有岡城攻撃の目途が立ったことから、光秀は信長に丹波へ戻るよう命じられるが、その前に同じく播磨に戻るよう命じられた秀吉に加勢して、三田《さんだ》城に向かっている。同城は摂津・播磨・丹波を繋ぐ要衝の地にあった。当時の城主は、荒木氏の一族・荒木平太夫《へいだゆう》で、荒木村重に従っていたのである。

三田城は、武庫川右岸の丘陵地につくられた平山城で、茨木城の西四十数キロの位置にあり、光秀らはおそらく、西国街道から今の国道百七十六号線のルートに沿って進んだのだろう。天正六年（一五七八）十二月十一日、光秀は秀吉、筒井順慶、佐久間信盛らと共に三田城を攻撃、同城はほどなく落城し、平太夫は投降した。光秀はその足で急ぎ丹波に向かっている。

三田城は、築城の時期ははっきりしないが、守護大名・赤松氏の庶流である摂津有馬《せっつありま》氏が築いたとされる。天正三年（一五七五）に同氏の嫡流が途絶えたため、平太夫が入城したようだ。その後、池田氏、山崎氏などが城主となるが、関ケ原の合戦後は、再び摂津有馬氏の庶流が城主の地位に就く。そして、松平氏の時代をはさんで寛永《かんえい》十年（一六三三）に城主（三田藩主）となったのが、九鬼水軍で有名な鳥羽の九鬼久隆《くきひさたか》だった。以後、九鬼時代が明治維新まで二百六十年間続き、その間、三田城は三田藩の拠点となった。

ちなみに、三田城攻めが行われるひと月ほど前の十一月六日、久隆の祖父・九鬼嘉隆《よしたか》は、織田氏と毛利氏の間に起こった第二次木津川口の戦いで、織田軍の一員として鉄甲船を操り、毛利水軍・村上水軍を撃破している。嘉隆は、天正二年（一五七四）七月の長島一向一揆で大活躍したのがきっかけで、信長から志摩国の国主に任命されていたのだ。

そんな嘉隆に光秀がどこかで顔を合わせていたとしたら――さぞや「水上合戦談義」に花を咲かせたことであろう。

三田城の城址は、現在、本丸跡が三田市立三田小学校の、二の丸跡が兵庫県立有馬高等学校の敷地になっていて、本丸・二の丸間の水濠や二の丸東側の空堀が残っている。また、城址から七百メートルほど西にある金心寺《きんしんじ》の山門は、三田城の三田藩下屋敷表黒門を移築したものといわれる。

■三田城址　兵庫県三田市屋敷町
JR福知山線三田駅から徒歩十五分

三田小学校の前に立つ三田城址碑

第十幕　丹波平定

1579.1

第五十九場　氷上城（霧山城）
～波多野宗長・宗貞父子を討つ～
（兵庫県丹波市）

三田城の攻撃を終え丹波に戻った光秀は、波多野秀治の籠る多紀郡の八上城を再び囲んだ。しかし、八上城側の抵抗は強く、年が明けた天正七年（一五七九）正月には、光秀が丹波平定を進める上で一番頼りにしていた小畠永明が戦死している。

光秀は一旦坂本に帰り、一月七日には坂本城で茶会を開いているが、永明の死はその間の出来事であったかもしれない。永明は光秀が摂津・播磨を転戦していた間、自分に代わって丹波で反織田勢力を相手に地道な戦いを続けていてくれたのだ。

光秀は二月二十八日に亀山城に入り、いよいよ本格的な丹波諸城の攻略に乗り出した。それは光秀にとって、永明の弔《とむら》い合戦でもあったろう。

光秀は八上城を包囲したまま、西丹波まで足を伸ばし、五月には氷上郡の氷上城《ひかみ》を攻めた。同城の城主は、八上城と同じ波多野一族の波多野宗長《むねなが》・宗貞《むねさだ》父子であった。この戦いには、秀吉から信長へ

妙音寺から眺める氷上城址（霧山）

の進言により、細川藤孝や羽柴秀長などが光秀の助けに入ったとされる。

ところで前年の天正六年九月頃、光秀は、氷上郡の円通寺《えんつうじ》（兵庫県丹波市氷上町御油）の要請に応じて、同寺に禁制《きんせい》を出している。禁制とは、戦国武将らが自軍の乱暴狼藉《ろうぜき》などの禁止を公示する文書だ。戦国時代には寺社などが安全確保のため、戦を前に発行を申請することが多かったのである（発行する武将側には、人心を掌握する効果が期待できたようだ）。

光秀は、反信長の赤井氏らの本拠地であった氷上郡には、早晩侵攻するつもりだったのだろう。実際、光秀軍は氷上郡のあちこちで戦闘を繰り返すことになるので、禁制の事前申請を行った円通寺には、正に先見の明があったといえよう。

さて、氷上城の宗長・宗貞父子は一旦籠城したあと、城を出て八幡山で奮戦したが、天正七年五月、ついに明智軍に敗れ、父子は自害した。八幡山《はちまんやま》には光秀が抵抗勢力の押さえとして、八幡山城（兵庫県丹波市柏原町）を築いていたようなので、父子らはそこまで討ち出て玉砕したのだろう。氷上城の残存兵の多くは黒井城に逃れたといわれる。

氷上城は、標高三百七十二メートル（比高二百四十メートル）の霧山山頂にあった山城で、起源についてははっきりしないようだが、天文七年（一五三八）に西波多野氏の波多野宗高《むねたか》という人物が築いたともいわれる。城址には、曲輪や堀切、土塁などの遺構が見られるほか、霧山の少し北にある波多野神社（妙音寺墓地の奥）には、波多野宗高の彰徳碑《しょうとくひ》が立つ。

■氷上城（霧山城）城址　兵庫県丹波市氷上町氷上
ＪＲ福知山線石生駅から神姫グリーンバスで「市辺」下車、徒歩五十分

第六十場　八上城
～母親を犠牲に？波多野秀治を降伏させる～（兵庫県丹波篠山市）

天正七年（一五七九）春以降、光秀は多紀郡の八上城への攻勢をさらに強めた。その作戦は、城の周囲三里四方に堀を巡らせ、塀や柵を何重にも築くという、徹底した兵糧攻めだった。城主・波多野

秀治はじめ籠城兵らは孤立し、徐々に疲弊しいく。

『信長公記』には「飢えた城兵たちは、はじめ草木の葉を食べたが、のちには大切な牛馬を食糧とした」とある。当時は牛馬の肉を食べる習慣がなかったから、これはもはや切羽つまった事態だ。四月四日に光秀が丹後の和田弥十郎《わだやじゅうろう》に宛てた手紙には、「籠城している者のうち、四、五百人は餓死し、城からの使者の顔は蒼く膨れ上がっている」と、さらに凄惨な城内の状況を伝えている。その後も光秀は兵糧攻めを続け、城から逃げ出す兵を片端から討ち取ってゆき、落城は時間の問題となった。

五月六日付けの小畠氏に送った書状の中で、光秀は、落城時の略奪行為を禁じ、持ち場を離れて敵兵を取り逃がすことがないよう、厳しく命じている。彼は、得てして

八上城二の丸跡

失われがちな戦場での秩序を維持しようとしていたという。それからひと月近く経った六月一日、ついに秀治は光秀に降伏した。

秀治と弟たち三人は一旦亀山に移されたあと、安土の信長の元に送られ、慈恩寺において即刻磔《はりつけ》の刑に処された。こうして、丹波の豪族として一時代を築いた波多野氏は滅んだのだった。光秀は八上城の城代として、重臣の明智光忠（次右衛門）を置いた。

ところで、光秀は波多野兄弟に、降伏すれば命を助け、所領も安堵するとして、自分の母を人質に出して、兄弟を八上城へ送ったが、安土で信長が兄弟らを処刑してしまったので、約束が違うと怒った八上城側は、仕返しに光秀の母を磔にして殺害した、という伝承がある。このため光秀は、母親を死に追いやった信長に恨みを抱き、本能寺の変を招いたという怨念説の一つになっているが、おそらくは後年の創作だろう。

ちなみに、南禅寺金地院《なんぜんじこんちいん》（京都市左京区）にある明智門は、天正十年（一五八二）に、光秀が母の菩提を弔うため大徳寺（京都市北区）に寄進したものが、明治元年（一八六八）に現地へ移築されたと伝わる。天正十年は光秀が本能寺の変を起こす年。何か思うところがあったのかもしれない。

八上城は、山陰道（現・国道三百七十二号線）の南側に位置する城山（標高四百五十九メートル、比高二百四十メートル）の山頂にあった山城で、秀治の祖父・波多野元清《もときよ》が永正五年（一五〇八）に築いたとされる。

弘治三年（一五五七）に一度、松永久秀に奪われるが、永禄九年（一五六六）には秀治が奪還し、再び波多野氏の居城となった。関ヶ原の合戦後、前田氏が城主として入るが、慶長十四年（一六〇九）

に廃城となった。現在、城山の麓の春日神社から登山道が通じており、山頂の城址には曲輪、石垣、堀切、土塁など多くの遺構が見られる。

■八上城址　兵庫県丹波篠山市八上内字高城山
ＪＲ福知山線篠山口駅から神姫グリーンバスで「八上本町」下車、徒歩六十分

第六十一場　八木城
～キリシタン・内藤ジョアンの一族を攻める～（京都府南丹市）

天正七年（一五七九）六月、八上城を落とした光秀は、今度は船井郡にある内藤氏の居城・八木《やぎ》城を攻めた。八木城は、亀山から園部に向かう街道（現・国道九号線）沿いの、城山という小高い山（標高三百四十四メートル、比高二百二十メートル）の上にあり、いわば天然の要害であったから、明智軍はなかなか攻め落とすことができなかった。

光秀は、城主・内藤有勝に再三和議を申し込むが、有勝はそれに応じず、徹底抗戦の構えを見せた。そこで、光秀が得意の内通工作を駆使すると、城兵の中に光秀に通じる者が出て、城内に火を放った。それを機に明智軍は城に乱入し、有勝は自刃、ついに八木城は落城する。これにより、戦国大名とし

八木城下跡に設けられた「内藤ジョアンゆかりの地碑」

て勇名を馳せた内藤氏は滅亡したのであった。同年六月二十七日のこととされる。

ところで、八木城と言えば、キリシタン大名・内藤ジョアン（如安）の城として有名だ。八木城は、足利尊氏《たかうじ》が篠村八幡宮で挙兵した際に呼応したという内藤顕勝が、建武二年（一三三五）に築き始めたとされる。以後、内藤氏が代々城主を務めたが、同城はたびたび戦闘の舞台となり、そうした中、松永久秀の弟で三好長慶の家臣だった松永長頼《ながより》が城を治めたことがあった。

長頼はやがて内藤宗勝《そうしょう》と称して、内藤氏の娘を娶り、その間に生まれたのがジョアンと妹・ジュリアだった。二人は長州方面から訳あって八木城へ逃れてきたカタリナというキリシタンの女性の養育を受け、永禄八年（一五六五）五月、京都の南蛮寺でポルトガルの宣教師ルイス・フロイスによって、洗礼を受けたといわれる。

その後、八木城の城主となったジョアンは、当地で布教活動を行い、フロイスの日本人弟子・ロレンソ了斎《りょうさい》を三度八木城に招くなどした。しかし、天正元年（一五七三）の槇島城の戦いで、義昭に付いて戦ったため、追放された義昭に従って、丹波を去り、備後の鞆《とも》に移ったとされる。

後年、ジョアンは小西行長《ゆきなが》に仕え、文禄《ぶんろく》・慶長《けいちょう》の役では朝鮮へ出兵したが、徳川幕府時代にキリスト教が禁止になると、高山右近らとマニラへ亡命し、彼の地で死去した。

光秀は、ジョアンのことを当然知っていただろうが、光秀のキリシタン観とは、どのようなものであったろうか。合理主義者の彼としては、宗教を信奉するなど、はなはだ性に合わぬことであったかもしれない。もっとも、彼の死後、娘の玉は受洗してガラシャとなり、キリストの教えに従って、死を選ぶことになるのだ。

八木城は八上城、黒井城と並んで、山全体に城郭を巡らした、丹波国では最大規模の山城だった。落城後も、亀山城の支城として存続し、光秀によって改修が加えられたようだ。現在、城山山頂の城址には、本丸、天守台、石垣など多くの遺構が見られ、また、城山北麓にある東雲寺《とううんじ》は、八木城主の居館跡と伝えられる。

■八木城址　京都府南丹市八木町八木
ＪＲ嵯峨野線八木駅から徒歩五十分

第六十二場　宇津城
～宇津頼重を攻め、御料所山国荘を奪還する～（京都府京都市）

八上城に続いて八木城を落とした光秀は、ひと月後の天正七年（一五七九）七月、丹波国桑田郡にある宇津《うつ》頼重《よりしげ》の居城・宇津城を攻めた。頼重は元亀四年（一五七三）、義昭が信長に対して挙兵するとそれに応じ、義昭が追放されてのちも、反信長の立場を取っていたのだ。

宇津氏は、バサラ大名として有名な美濃国の土岐頼遠《よりとお》の末裔といわれ、頼重の三代前の頼顕の時、宇津を領したと伝えられている。出自が土岐氏に繋がるという意味では、光秀にとって親近感を持ちたくなる人物ではあったろう。しかし、頼重は丹波の抵抗勢力の中にあっても、ひときわ手強い存在だった。

宇津氏は、応仁の乱以降発展し、頼夏、頼高、頼重の三代の時代になると、宇津近隣の山国、弓《ゆ》削《げ》、世木庄《せきしょう》へと勢力を伸ばした。頼重は、御料所山国荘《やまぐにのしょう》を押領するといった狼藉を働くようになり、朝廷からの再三の返還命令にも従うそぶりを見せなかった。また、波多野氏に付いて内藤氏や松永氏と合戦を繰り返した。

永禄十一年（一五六八）、信長が義昭を奉じて上洛した時、光秀も関わって一旦は山国荘を回復するが、その後また頼重が違乱《いらん》し、皇室の財政を圧迫させた。天正三年（一五七五）、丹波計略に乗り出した光秀は、まず宇津氏を攻めようとしたが、信長に越前攻めを命じられて中断、代わって戦った小畠永明は苦戦を強いられ、負傷している。

桂川から望む宇津城址

　そんな頼重も、七月十九日に光秀が性根を入れて攻撃を仕掛けると、宇津城を捨てて逃走した。そして、若狭から船で西国へ逃げようとしたが、光秀は追討の軍勢を差し向け、多くの兵を討ち取り、その首を安土の信長の元へ送った。ただ、頼重の生死は不明だったようだ。

　当時、丹波国と若狭国を出入りする峠は、堀越《ほりこし》峠や五波《ごなみ》峠、知井《ちい》峠など十ほどもあり、頼重らはそのうちのどれかを越えたものと思われる（ちなみに、現在の国道百六十二号線は堀越峠の直下をトンネルで抜き、京都府南丹市美山町と福井県おおい町名田庄《なたしょう》を結んでいる）。

　どのコースをとっても、宇津から若狭まで優に五十キロ以上はある。それを追撃させた光秀の執念は相当なものだったのだろう。その甲斐もあって、七月二十四日、正親町天皇は山国荘の回復を賞して、光秀に馬・鎧《よろい》・香袋《こうぶくろ》を下賜《かし》している。

宇津城は、下宇津八幡神社の背後の、桂川を見下ろす山（標高三百五十六メートル、比高百五十メートル）の上にあった。同神社は、前九年《ぜんくねん》の役《えき》で活躍した源頼義《よりよし》が、桂川の木材輸送の安全を祈願するため、宇佐八幡宮より勧進したと伝えられる。実際、山国荘で産する良材は、筏《いかだ》に組まれ、桂川を下って京へと運ばれていたのだ。

宇津氏がここに城を構えたのは、源氏由来の当神社に、諸々の御利益を期待したからかもしれない。しかしながら、宇津氏は光秀によって滅ぼされ、山上の城址には、曲輪、堀切、土塁、石積みなどの跡が残るばかりだ。

■宇津城址　京都府京都市右京区京北下宇津町
京北ふるさとバス「栗生谷」下車、徒歩三十分（登山道不整備）

第六十三場　鬼ヶ城～鬼伝説の山で赤井氏を討つ～（京都府福知山市）

天正七年（一五七九）七月、宇津城を落とした光秀は、山陰道を一気に西北に進んで、丹後国（加佐郡）と丹波国（天田郡）の境にある鬼ヶ城《おにがじょう》を攻めた。鬼ヶ城の築城時期ははっきりしないようだが、史料には城主として、内藤備前（『丹後旧語集』）や赤井惣右衛門（『丹哥府志』）の名がみえる。

戦国時代、この辺りは丹波国船井郡の内藤氏と同国氷上郡の赤井氏との戦闘の舞台だったようだ。その結果、赤井氏が支配するようになり、光秀は赤井氏の本拠・黒井城を落とすための前哨戦《ぜんしょうせん》として、この城を攻撃することにしたのだろう。

鬼ヶ城は戦国時代の山城としては、かなり標高の高い位置にあり（標高五百四十メートル、比高四八〇メートル）、正に天然の要害であった。明智軍は周辺に放火したうえで、付城《つけじろ》を築いて兵を置き、城を監視させた。明智軍がどの登山ルートで鬼ヶ城へ攻め上がったかは不明だが、山陰街道側の西麓からか、観音寺のある北東麓からであったろう。

九月、光秀は再び鬼ヶ城を攻め、城主・雲林院国任を追放して、ついに同城を落とした。

ＪＲ山陰線の電車から見る鬼ヶ城址

ところで、鬼ヶ城には、その名が示すように古くから鬼伝説があった。十キロほど北の大江山《おおえやま》には酒呑童子《しゅてんどうじ》が、鬼ヶ城には茨木童子《いばらきどうじ》が住み着き、互いに呼応して、周辺地域を荒らしたと伝えられる。大江山（標高八百三十二メートル）同様、どっしりとした鬼ヶ城の山容が、鬼伝説を生む素地になったのだろう。

酒呑童子は「鬼の頭領《とうりょう》」としてつとに有名だが、茨木童子の名は、それほど知られていないのではないか。調べてみると、茨木童子は摂津国（あるいは越後《えちご》国）の生まれで（生まれた時から歯が生えそろっていたという）、酒呑童子と出会って舎弟《しゃてい》になったとされる。

平安時代、源頼光《よりみつ》が、渡辺綱《つな》ら四人の家臣（頼光四天王）を率いて、鬼退治に大江山へ向かった際、一行は鬼たちを酔っぱらわせて退治することに成功するが、茨木童子だけは、酒呑童子が渡辺綱に討たれるのを見て、これは敵わないと逃げ出し、無事だったという。

「鬼」は丹波地域の戦国武将の異称にも使われ、赤井直正が「赤鬼」と呼ばれ、籾井教業という人物が「青鬼」と称され、人々から恐れられたことは前述したとおりである。山頂の城址には、今も主郭の跡が残り、また、そこから放射状に延びる尾根沿いには、階段状の曲輪や石積み、土塁、竪堀の跡などが見られる。

■鬼ヶ城址　京都府福知山市大江町南山
ＪＲ福知山線福知山駅から京都交通バスで「山野口」下車、徒歩一時間二十分

第六十四場　峰山城

～丹後に進んで波多野氏の残党を討つ～（京都府京丹後市）

天正七年（一五七九）七月、鬼ヶ城を攻略した光秀は、細川藤孝らとさらに北上して丹後国に入った。おそらく、由良川を下るルート（現・国道百七十五号線）で進んだのだろう。実は、藤孝父子は前年十一月に、丹後侵攻に取り掛かったのだがうまくいかず、光秀に救援を求めたのである。

ところで、この頃藤孝は長岡《ながおか》姓を用い、長岡藤孝と名乗っていた。元亀四年（一五七三）七月、義昭追放後に信長から山城国長岡（京都府長岡京市・向日市付近）を与えられて以来のことだが、天正十年には細川姓に復している。

さて、明智・細川軍は、丹後守護の一色義道《いっしきよしみち》を加佐《かさ》郡中山城（京都府舞鶴市）で殺害し、その後、丹後半島に入って、一色氏に従っていた吉原西雲《せいうん》が籠る中郡の峰山《みねやま》城（吉原山《よしわらやま》城）を攻めた。ちなみに当時、加佐郡から中《なか》郡への移動は、与謝《よさ》郡の岩滝、菊池から常吉《つねよし》を経て、口大野へ出る街道（現・府道七十六号線）が、主に使われたようだ。

この年の四月四日、八上城攻めの陣中にあった光秀は、丹後の和田《わだ》弥十郎《やじゅうろう》宛ての書状で、八上城の落城が時間の問題であることと合わせ、落城後は丹後攻めに直行し、弥十郎のことは粗略にしない、と伝えている。丹後国は、信長派と反信長派の対立で混乱しており、光秀は丹波のみならず、丹後の平定にも向かわざるを得なかったのだろう。そして、光秀は藤孝と共に峰山城を落とし、まずは弥十郎との約束を果たしたのである。

峰山城三の丸跡

丹後は早くから発展した地域で、元は丹波国に属し、古墳時代には（朝鮮半島に近かったせいか）丹波国の中心地であったともいわれる。奈良時代の初めに、丹波国のうち加佐郡・与謝郡・丹波（中）郡・竹野《たけの》郡・熊野《くまの》郡の五郡が分割されて、丹後国となった。

室町時代に入って、丹後国の守護には初め山名氏が、のちには一色氏が任じられた。峰山城は南北朝時代に、一色詮範《あきのり》・満範《みつのり》父子が中郡の権現山に築いたといわれ、以後二百年にわたって、一色氏が城主を務めた。一色氏が細川氏によって滅ぼされたあとは、藤孝の次男・細川興元が城代となったが、慶長五年（一六〇〇）、細川氏の豊前《ぶぜん》転封に伴って廃城となったようだ。

丹後国は江戸時代に入ると、京極《きょうごく》

高知《たかとも》に与えられ、その後、宮津藩、田辺藩、峰山藩の三藩に分かれるが、このうち、峰山藩だけは幕末まで京極家が治めた。

峰山城の城跡は、京丹後市峰山町の市街地からほど近い、標高百八十メートル（比高百二十メートル）の吉原山（権現山）山頂にある。本丸、二の丸、三の丸の曲輪跡や、堀切、土塁、竪堀などの遺構が見られる。なお、本丸跡には権現社が祀られ、大手道の登り口には、江戸時代に峰山藩主の京極氏が本拠とした峰山陣屋跡の碑が立つ。

■峰山城址　京都府京丹後市峰山町吉原
京都丹後鉄道宮豊線峰山駅から徒歩六十分

第六十五場　弓木城～名門・一色氏を降ろす～（京都府与謝野町）

峰山城に続いて、光秀らは丹後国与謝郡岩滝の弓木《ゆみき》城を標的とした。弓木城に籠るのは勇猛で知られた一色義定《よしさだ》（義有《よしあり》）。義定は父・義道の死後、一色家の家督を継ぐが、自らの居城・建部山《たけべやま》城（京都府舞鶴市）を細川藤孝の軍勢に落とされたため、ここへ移ってきていたのだった。

弓木城は、鎌倉時代の末期に桓武平氏の流れをくむ稲富《いなとみ》氏によって築かれたとされ、その後稲富氏は、丹後守護となった一色氏に従い、代々弓木城を居城としていた。

同城は標高五十九メートル（比高五十五メートル）の丘陵地の上にあり、守りは堅固で、峰山城のようには簡単に落ちなかった。そこで、藤孝が使いをやって投降を勧めた結果、ようやく義定は、一色氏の家老を人質に出して降伏した。

光秀は、細川氏と一色氏の和睦を図るため、義定と藤孝の娘（伊《い》也《や》姫《ひめ》）との婚姻を勧め、細川氏と一色氏はそれを承諾して、翌天正八年（一五八〇）年八月、両者の間に和議が成立した（伊也姫は細川忠興・興元の妹に当たる）。

これにより、一色氏は細川氏と丹後国を分割統治することになり、義定は弓木城を本拠とし、竹野郡・熊野郡・中郡の三郡二万石の領主となった（細川氏は加佐郡と与謝野郡を

弓木城址に向かう急な参道

領した）。

信長方となった義定は、天正九年の京都馬揃《うまぞろ》えに参加、翌年の甲州征伐にも光秀、細川忠興らと共に参陣した。しかし同年六月、一色氏は山崎の合戦で光秀側に付いたことから、秀吉に与した細川氏と運命が別れることになる。

南丹後の領主となった細川藤孝は、弓木城から東へ六キロほど離れた宮津湾南岸に、宮津城（京都府宮津市）を築いていた（築城に当たっては、水城のノウハウを持つ光秀が深く関わったとされる）。山崎の合戦から三ヵ月後の天正十年（一五八二）九月八日、宮津城に誘い出された義定は、秀吉に謀反を企てた廉《かど》で、忠興によって城内で謀殺《ぼうさつ》されたのだ。

同時に、興元らが弓木城に攻め入り、城内外にいた約百名の家臣・城兵が討ち取られ、同城は降伏・開城した。その際、一色氏の家臣が、義定の正室・伊也姫を人質にして、但馬へ逃げようとしたが、興元は早馬を飛ばして追いつき、無事妹（伊也姫）を取り戻して、宮津城へ連れ帰った。

しかし伊也姫は、その朝、初めて舅（藤孝）に会うのを楽しみに弓木城を出ていった夫（義定）が、兄・忠興に討たれたと聞いて、悲しみに暮れたという（後刻、忠興と対面した時、脇差を抜いて斬りかかったとも）。ここにもまた、戦国という時代に翻弄された悲劇の女性がいたのだ。ちなみに翌年、伊也姫は吉田兼見の子息・兼治《かねはる》と再婚し、多くの子を産んだという。

その後、弓木城には義定の叔父・一色義清《よしきよ》が入るが、再び細川氏によって攻撃を受け、一色氏は滅亡、弓木城も廃城となったようだ。現在、城址は、城山公園として整備されており、曲輪・空堀・土塁などの遺構を見ることができる。阿蘇海《あそかい》がよく見渡せる位置にあり、義定・伊也姫の若いカップルは、毎日その風景を楽しんだのだろう。

■城山公園（弓木城址）　京都府与謝郡与謝野町岩滝
京都丹後鉄道宮津線岩滝口駅から徒歩三十五分

第六十六場　興禅寺～黒井城を落とし、斉藤利三を置く～（兵庫県丹波市）

ひとまず丹後を平定した光秀は、天正七年（一五七九）八月九日、再び丹波に戻り、かつて波多野秀治の謀反によって、退却せざるを得なかった氷上郡の黒井城を三年半ぶりに攻めた。当時の城主・赤井直正は天正六年三月九日に病死しており、嫡男の直義《なおよし》が家督を継ぐことになったが、まだ九歳と若年であったため、直正の弟・赤井幸家《よしいえ》が後見人として、防戦の指揮を執ったようだ。

光秀は、黒井城を孤立無援な状態にしたうえで、外曲輪まで攻め込み、敵兵十名余を討ち取ると、城側から降伏の意志が示され、城兵も退出したという。

なお、光秀はこの時までに信長から、直正を補佐していた赤井忠家を追討するよう命を受けており、氷上郡の寺社や名主らにその旨を申し付けるとともに、戦を避けてあちこちに避難していた百姓に対して、還住するよう布令している。黒井城の短期決戦を念頭に置いてのことだったのだろう。

春日局出生地碑の立つ興禅寺

　さて、落城した黒井城に、光秀は重臣・斎藤利三《としみつ》を置き、平定した氷上郡を統治させた。利三は美濃の出身で、はじめ斉藤義龍などに仕えたが、その後、西美濃三人衆の一人・稲葉一鉄に従い、さらに、どういう経緯からか光秀の家臣となった。

　すぐに頭角を現して、明智秀満と共に光秀の筆頭家老と呼ばれるまでになるのだが、実は本能寺の変の原因に、利三が絡んでいるという説がある。一鉄が利三を光秀に譲ったことが惜しくなり、信長にその旨訴えたところ、信長は光秀に利三を一鉄に返してやれ、と命じた。

　ところが、光秀は「利三を召し抱えるのも殿のため」と言葉を返した。信長は怒って、光秀の髻《もとどり》をつかんで投げ飛ばし、脇差に手を掛けようとしたので、光秀は慌てて逃げ出し難をのがれたという。ほかにも、信長は光秀の額を敷居にこすりつけて折檻《せっかん》し、光秀の月代《さかやき》から血が流れたとするものもあり、こうした仕打ちに光秀は恨みを抱き、本能寺の変を起こした、というのであるが、あまりに劇画チックで俄かには信じがたい。

ところで、利三は稲葉一鉄の娘・安《あん》を継室としていた。天正七年、二人の間に娘・福《ふく》が生まれる。この福こそ、のちの春日局《かすがのつぼね》だ。利三は天正十年（一五八二）、山崎の合戦のあと、捕らえられて処刑されるが、福は母の実家である稲葉家で育てられ、成人すると、小早川秀秋の家臣・稲葉正成《まさなり》の後妻となった。そして慶長九年（一六〇四）、徳川二代将軍・秀忠《ひでただ》の嫡子、竹千代（家光《いえみつ》）の乳母に任命されるのである（正成とは離婚という形がとられた）。

さて、黒井城址のある城山の南西麓に興禅寺《こうぜんじ》という曹洞宗の寺院がある。同寺院は、寛永三年（一六二六）に当地へ移転してきたとされ、以前ここには利三の居館があったと伝わる。周囲には水を湛えた堀があり、城館の雰囲気が感じられるが、この地で福は誕生したといわれる。

山門前には「春日の局出生地」の碑が立ち、境内には、福が腰かけて遊んだとされる「お福腰掛石」や、初湯に使ったと伝わる「お福産湯《うぶゆ》の井戸」がある。

光秀も家臣の赤子誕生を祝いに、ここへ立ち寄ったことがあったかもしれない。

■興禅寺　兵庫県丹波市春日町黒井二三六三
ＪＲ福知山線黒井駅から徒歩十分

第六十七場　金山城～波多野氏と赤井氏の連携を断つ～（兵庫県丹波市）

天正七年（一五七九）三月、八上城と黒井城を攻めるに当たって、光秀は氷上郡と多紀郡との境に金山城を築いた。今で言えば、兵庫県丹波市と丹波《たんば》篠山《ささやま》市の市境（丹波市側）に位置する。

八上城の波多野秀治と黒井城の赤井氏とは互いに連絡を取りながら、光秀に対抗していたので、その間に城を築くことで、両者の連携を絶とうとしたのだ。四年前の天正三年に、秀治の謀反のせいで黒井城攻めから撤退せねばならなかった苦い経験が、そうした用意周到な戦略を光秀に取らせたのだろう。天正六年の秋頃から、建設工事に着手していたようである。

金山城は標高五百四十メートル（比高

自然の妙「鬼の架け橋」〈写真提供：攻城団〉

三百メートル）の金山山頂にあり、氷上郡と多紀郡が一望に見渡せた。七キロほど離れた黒井城も十キロ以上離れた八上城も、それぞれ視界に入れることができたようである。また、両郡を行き来する街道（現・国道百七十六号線）が近くの鐘ヶ坂《かねがさか》峠（現在はその下を鐘ヶ坂峠トンネルが通っている）を越えており、敵軍の動きを監視するには持って来いの場所でもあった。この分断作戦のおかげもあって、光秀は両城を落とすことに成功したのである。

金山の城址には、今も曲輪、石垣、土塁、竪堀、井戸などの遺構が見られるが、主郭《しゅかく》の西側のエリアに「鬼の架け橋」と呼ばれる有名な巨石の橋がある。大きな二つの岩の間に、地震などの自然現象によって別の巨石が倒れ込み、橋のように見えるもので、古くから大江山の鬼が架けた橋であると語り継がれている。

付近には同様の巨石が累々と横たわり、古代人が鬼の仕業と考えてもおかしくないような雰囲気が漂う。そもそも、鐘ヶ坂峠の名前自体が、周辺を荒らし回っていた鬼を退散させるため、鬼の嫌う音色の梵鐘《ぼんしょう》を、この地に設けたことから付けられたといわれる。

天保五年（一八三四）に丹波へ入った浮世絵師の安藤広重《ひろしげ》が、「日本六十余州名所絵図」の中で「鬼の架け橋」を描いており、当時から丹波の名所として人口に膾炙《かいしゃ》していたのだろう。光秀がここに城を築くことに決めたのは、あながちそれを面白がってのことかもしれない。

■金山城址　兵庫県丹波市柏原町上小倉
JR福知山線篠山口駅から神姫グリーンバスで「追入」下車、徒歩四十分

第六十八場　福知山城～北部丹波の拠点を築く～（京都府福知山市）

天正七年（一五七九）八月、氷上郡の黒井城を落とした光秀は、天田郡へ進んで塩見《しおみ》氏の横山城を囲んだ。城主・塩見信房《のぶふさ》は、反信長の赤井・波多野連合軍に加わっていたため、光秀軍の攻撃の対象となったのだ。横山城は、丹波北部の土豪・塩見頼勝《よりかつ》が由良川河畔に築いたとされ、はじめ掻上《かきあげ》城と称したが、頼勝がのちに横山と改姓したことから、横山城と呼ばれるようになったといわれる。

同年八月二十日、光秀は攻撃を開始、信房と弟の信勝はよく防戦したが、ついには力尽き両者とも自刃して果てた。周辺でも塩見氏がおさえていた猪崎《いざき》城や、和久《わく》氏の居城・山家《やまが》城が、明智軍によって落とされ、鬼ヶ城もこの頃落城したのだろう。当地を平定した光秀は、地名を福知山と改め（当初は福地山、福智山とも）、横山城を大改修して福知山城と改名したのだった。

福知山城復興天守

光秀は福知山城に、娘婿の明智秀満を城代として置いた。秀満ははじめ三宅弥平次、明智佐馬助などと名乗っていたが、出自、前半生については謎が多く（光秀の従弟とも）、光秀の娘（長女）を妻にしてから、明智秀満と名乗るようになったようだ。この妻は、荒木村重の息子・村次に嫁いでいたが、村重の謀反に伴い、離縁されていたのである。

天正九年（一五八一）四月十日、光秀と細川藤孝、忠興、茶人の津田宗及が福知山城を訪れ、秀満の接待を受けている。おそらくこの頃には、京都から亀山を経由して福知山に至る山陰街道（現・国道九号線）が、十分機能していただろう。

秀満は翌年の本能寺の変では、先鋒として出陣したため、秀満の父親が福知山城の留守居役を務めた。その父親は、山崎の合戦で光秀・秀満が滅びたあと、福知山城を攻めた秀吉によって捕まり、京に送られ粟田口《あわたぐち》で処刑されたという（城内で自決したとも）。

秀吉政権下では羽柴秀長（信長の四男で、秀吉の養子）が福知山城主となり、その後、小野木重勝《おのぎしげかつ》を経て、関ケ原の合戦後に有馬豊氏《ありまとようじ》が城主に就き、初代福知山藩主となった。そして、城郭の大改修を行った。

その後、岡部長盛《おかべながもり》、稲葉紀通《のりみち》、松平忠房《ただふさ》を経て、寛文《かんぶん》九年（一六六九）に朽木植昌《くつきたねまさ》が入城し、明治維新まで二百年にわたって朽木氏が福知山を統治した。福知山城は、明治六年（一八七三）の廃城令で破却され、天守台と本丸の石垣のみが残されたが、昭和六十年（一九八五）、多くの寄付金（及び補助金）を集めて天守台（大天守・小天守）が復元された。今や、福知山市の代表的な観光スポットとなっている。

■福知山城址　京都府福知山市字内記五
ＪＲ山陰本線・福知山線福知山駅から京都交通バスで「福知山城公園前」下車、徒歩すぐ

第六十九場　国領城～赤井氏最後の拠点を落とす～（兵庫県丹波市）

光秀は横山城（福知山城）を確保したあとの天正七年（一五七九）九月、丹波平定のダメ押しとして、氷上郡の国領《こくりょう》城を攻め落としている。

同城は黒井城の五キロほど南東の、由良川支流・竹田川の南岸にあった平城で、南東にそびえる三《みつ》尾山《おやま》山頂（標高五九六メートル、比高四七〇メートル）にある三尾城の館城《やかたじろ》であった。両城の城主は、ひと月前に黒井城の防戦に当たった、赤井直正の弟・赤井幸家だったが、光秀は前年十一月に、三尾

国領城址に建つ流泉寺

山城のほうをすでに落としていた。

それは、直正が病死したため、兄に代わって幸家が、織田方の支配下となっていた但馬国の竹田城を攻めている留守を狙ってのことであった（当時の竹田城代は羽柴秀長と見られる）。

三尾城を失った幸家は、黒井城の落城後、国領城に籠っていたのだろうが、再び、光秀の攻撃の前に屈したのであった。光秀は国領城を落としたことで、「三年来の鬱憤《うっぷん》を晴らした」と書状に書き残している。光秀の丹波平定は、ここに至ってついに完成を見たのだ。なお、幸家は四国へ逃走したあと、諸国を放浪するが、晩年には再び当地へ戻ったともいわれる。

天正七年十月二十四日、光秀は細川藤孝らと共に、安土城の信長のもとに赴き、丹波・丹後を平定したことを復命し、丹波拝領の礼を述べた（信長は丹波を光秀に、丹後を藤孝に与えた）。これまでの、血のにじむような苦労が実を結んだ瞬間であった。

翌年八月、信長は佐久間信盛に与えた折檻状の中で、丹波国での光秀の働きは天下の面目を施したと、秀吉や柴田勝家より先に上げて絶賛している。正に光秀の武将人生における絶頂期であったろう。しかし、一方の信盛は、石山本願寺攻めにおいて何の功績も上げなかったとして、嫡男の信栄《のぶひで》と共に高野山に追放され、二年後の天正十年（一五八二）一月、熊野で寂しく世を去った。

信長が幼少の頃から仕え、彼が織田弾正忠家の家督を継ぐ際にも功のあった信盛は、家臣団の筆頭格の地位を与えられ、光秀も何度となく戦地で共に戦った間柄であった。そんな信盛に対しても、信長は容赦のない非情な仕打ちを与えたのだ。

光秀の心情は、複雑だったかもしれない。明日は我が身という思いに駆られ、信長への謀反を考えるようになったともいわれる。

国領城の城址は、現在流泉寺《りゅうせんじ》の境内となっており、遺構らしきものはほとんど見られない。ただ、間近に臨める三尾山のとつこつとした山容が、戦国の世への想像力を掻き立てるばかりだ。

■国領城址　兵庫県丹波市春日町国領
ＪＲ福知山線黒井駅から神姫グリーンバスで「進修小学校前」下車、徒歩五分

第十一幕　馬揃え　1580.1～

第七十場　周山城～丹波東部の名城で月を愛でる～（京都府京都市）

天正七年（一五七九）七月に宇津城を落とした光秀は、同城から東へ四キロほど離れた同じ丹波国桑田郡内に周山《しゅうざん》城の築城を開始している。当地は京から若狭へ行く街道と丹波へ向かう街道が分岐する交通の要衝であった。光秀はここを東丹波経営の拠点としたようだ。

周山城は、標高四百八十メートル（比高二百二十メートル）の城山山頂を中心にして、東西南北の尾根筋に、石垣で囲まれた多数の曲輪を持つ壮大な山城であった（天守台も備えていた）。当然、眺めのよい場所は、いくらでもあったのだろう。天正九年（一五八一）八月十四日、光秀は茶人の津田宗及《そうぎゅう》をここへ招き、十五夜の月見を楽しんだ（旧暦の中秋の名月は、八月十五日）。

現在、京都から周山へは、紅葉で有名な高雄を通る周山街道（国道百六十二号線）を利用するのが一般的だが、当時は、鷹峯《たかがみね》から京見《きょうみ》峠を経て、杉坂を通る長坂《ながさか》越えがメインルートだった。

おそらく宗及も、長坂越えで京から周山城へやってきたのだろう。ところで、彼もまた光秀と因縁薄からぬ人物であった。宗及は、堺の豪商で茶道の心得のあった津田宗達《そうたつ》の子として生まれ、父から茶の湯を学んだ。上洛した信長の知遇を得、茶人として信長に重用されたことから、光秀の茶道の師となったようだ。信長は御茶湯御政道を唱え、家臣による茶会の開催を許可制にした。

信長の許可を得た光秀は、頻繁に宗及と茶会を持つようになり、宗及の著した『宗及茶湯日記』によると、天正六年（一五七八）正月七日を皮切りに、同十年正月八日までの四年間に十三回茶席を共にしている。そういう間柄だからこそ、光秀は完成なった自慢の城に宗及を招待したのだろう。ちなみに、本能寺の変が勃発した時、宗及は、堺で茶会を開き、家康を持てなしていたといわれる。

周山城の二の丸と本丸間に連なる苔むした石垣跡

さて、周山城という城名であるが、暴君として悪名高い殷《いん》（古代中国の王朝）の紂王《ちゅうおう》を滅ぼした周の武王《ぶおう》にちなんで光秀が命名したとの説がある。だから、この時点で彼はすでに「暴君・信長」を討とうと決意していた、というのだが、こじつけの感は否めない。

山崎の合戦で光秀が死んでのち、天正十二年（一五八四）二月に秀吉が入城したという記録（『兼見卿記』）が残るものの、ほどなくして周山城は廃城になったと見られている。

周山城の城址へは、城山の東麓から険しい山道を登らねばならないが、山頂付近に残された、圧倒的な規模の遺構群（曲輪、石垣、堀切、土塁、井戸など）を目にすれば、疲れもいっぺんに吹き飛ぼうというもの。適当な石材の上に腰かけ、四百四十年前の月見の宴を想像してみるのも一興だろう。

■周山城址　京都府京都市右京区京北周山町
ＪＲ京都駅からＪＲバスで「京北農協前」下車、徒歩四十分

第七十一場　山家城～破城令に背いた和久氏を懲罰する～（京都府綾部市）

丹波平定後、光秀は信長の方針に基づき、領地支配のための様々な施策を打ち出していく。その一つが破城令（城割）の施行であった。なぜ破城するのかと言うと、一般的には、不穏な勢力の拠点を

山家城本丸跡

奪うとともに、本拠の城下に人を集めて、家臣団を形成するのが目的だったとされる。天正八年（一五八〇）に光秀は、丹波国で破城を開始した。

　しかし、これにはやはり、抵抗する者が現れる。何鹿《いかるが》郡の山家《やまが》城主・和久義国《わくよしくに》は、破城の令に従わなかったため（これは城ではなく、寺だと言い張ったらしい）、光秀は、船井郡の豪族、片山兵内《ひょうない》・出野左衛門助《いでのさえもんのすけ》に宛てた天正八年（一五八〇）六月二十一日付けの書状で、山家城を成敗したが、和久一族が船井郡の和知《わち》庄《しょう》（京都府京丹波町）に逃げ込んだので、彼らを捕縛し差し出すよう命じている。

　何鹿郡のエリアは、今の綾部市の全部と福知山市の一部が相当し、氷上郡や多紀郡ほどではないにしろ、同郡にも光秀の侵攻に対して反抗する勢力が存在したのだ。

　山家城は甲ケ峰《こうがみね》城とも呼ばれ、由良川を南に臨む標高二百三十六メートル（比高百三十メートル）の山の上にあった。永禄六年（一五六三）に義国が築いたとされる。ちなみに義国は、横山城主・塩見頼勝の四男（三男とも）といわれ、和久左衛門大夫とも称した。

光秀の書状の相手である片山兵内らは、当時和知庄を支配しており、光秀の丹波計略に協力していた（彼らは光秀の要請に応じて、遠く離れた亀山城の普請にも人夫を差し出している）。山家城から隣接する和知庄までは由良川に沿って遡れば、至近距離である。和久氏の捜索にさほど時間はかからなかったのではないか（和久氏はその後帰農したともいわれる）。

和久氏の追放後、斉藤道三の家臣であった谷衛好《もりよし》の三男・谷衛友《もりとも》が山家に入り、山家城の西麓に山家陣屋《じんや》を築く。衛友は光秀が滅んだあとも、要領よく秀吉、家康に仕え、初代山家藩主となった。山家藩は明治維新まで十三代にわたって谷氏が藩主を務めることになる。

谷氏の山家陣屋の跡は現在、山家城址公園として整備されている。山家城へは、公園横の伊也《いや》神社から登山道が通じており、山頂の城址には空堀、土塁、石垣などの遺構が見られる。さらにそこから百メートルほど北に照福寺《しょうふくじ》という寺院の跡があり、和久氏はこれをもって、城ではなく寺だと主張したようだが、虎口や土塁、堀切など山城のような体裁を備えていて、この寺自体も武装したものだったのだろう。

ちなみに、照福寺は江戸時代に谷氏の保護を受けて移転され、綾部市鷹栖町に現存する。

■山家城址公園　京都府綾部市広瀬町
ＪＲ山陰本線山家駅から徒歩五十分

第七十二場　興福寺～大和の領主から指出を徴す～（奈良県奈良市）

丹波平定後、光秀は大和でも働きを見せる。天正八年（一五八〇）九月、信長の命により滝川一益と共に大和の領主から指出《さしだし》を徴しているのだ。指出とは、領地の詳細を書かせるもので、検地と同様、年貢の効率的な取り立てを狙うものであった。

それに先立つ八月二十八日、一益が一万の兵を率いて奈良に現れると、現地では一益が陣取りをするのではないか、諸城を破却するのではないかと大騒ぎになり、興福寺《こうふくじ》では、一山の安危《あんき》はこの時にあり、ということで、祈祷の話も出たらしい。

信長の重臣で、勇猛で知られた一益は、それだけ人々に恐れられていたということだろうが、実は一益の、信長に仕えるまでの前半生は謎に包まれ（甲賀《こうが》の生まれとはされるが）、よく分かっていない。その点は光秀と共通し、彼もまた、信長の実力主義的人材登用の一例であったのだろう。光秀と一益は、それまでに何度も戦地で共に戦っており、互いに気心の知れた間柄だったに違いない（好き嫌いは別にして）。

その騒ぎが一旦収まった九月二十五日、今度は光秀が、一益と共に奈良へやって来る。再び奈良に緊張が走ったが、軍の統制はよく取れていたので、市中で兵が乱暴を働くようなことはなかったようだ。この日、光秀は興福寺の吉祥院へ、一益は同寺の成身院に泊まっている。光秀は天正二年（一五七四）の正月に、松永久秀が明け渡した多聞山城に入り、行政処理を行っているが、興福寺は多聞山城の一キロほど南に位置した。

さて、人々がほっとしたのもつかの間、翌二十六日に、光秀と一益は大和一国の寺社、本所、国衆らに指出を提出するよう命じた。それは報告に不正があれば、厳しいペナルティを伴うもので、実際に成敗された者も少なからずあったらしい。

光秀は、興福寺にも指出の書き直しを命じたが、十月二十三日には同寺の所領を安堵し、十一月二日、

観光客で賑わう興福寺

家臣の藤田伝吾《でんご》を残して奈良を立ち去った。光秀らが滞在したひと月余りの間は、奈良の人々にとって苦渋に満ちたものであり、あたかも地獄攻めのような日々であったという（『多聞院日記』）。妥協を許さない光秀の厳しい一面が、彼らをしてそう感じさせたのかもしれない。

十一月七日、信長は正式に大和一国を筒井順慶に与え、順慶はそれを受け、松永久秀に従っていた郡山城《こおりやま》（奈良県郡山市）の郡山辰巳を殺害し、同城に入った。十二月十九日、順慶は坂本の光秀を訪ねているが、これは大和で指出を強行し、順慶入国の前捌《まえさば》きをしてくれた光秀に対する謝礼の意味があったといわれている。しかし、そんな順慶であったが、二年後の山崎の合戦では、皮肉にも光秀に味方することを拒むことになるのだ。

興福寺は、和銅《わどう》三年（七一〇）の平城京への遷都の際、藤原不比等《ふひと》がそれまで藤原京にあった厩坂寺《うまやさかでら》を平城京に移転し、興福寺と改名したのが起源とされる。藤原北家《ほっけ》との関係が深く、絶大な権力と軍事力を持ち、比叡山延暦寺とともに「南都北嶺《なんとほくれい》」と称された。戦国時代に至るまで、大和国の荘園のほとんどを有し、事実上の国主といってよかったのだ。

明治維新後の神仏分離令で、春日神社と神仏習合の関係にあった興福寺は大きな打撃を被ったが、その後復興が徐々に進み、平成十年（一九九八）には世界文化遺産に登録された。

■興福寺　奈良県奈良市登大路町四八
近鉄奈良線近鉄奈良駅から徒歩五分

第七十三場　禁裏東門外～信長の「馬揃え」を取り仕切る～（京都府京都市）

天正九年（一五八一）二月、光秀は信長から京で行う馬揃《うまぞろ》えの企画・運営を任された。馬揃えとは、いわゆる軍事パレードで、織田軍の騎馬を集めて、信長の力を天下に誇示しようとするものであった。前月に安土で催された「爆竹《ばくちく》」（火祭りの行事。左義長《さぎちょう》）を責任者として成功させたこともあったのだろう、光秀にまた白羽の矢が立ったのだ。

光秀は細川藤孝、松井有閑らと準備に奔走し、同月二十八日の本番を迎えた。京都内裏の東側に設けられた馬場で、大勢の観衆（フロイスは二十万人近いとしている）を集めて、騎馬の行進が始まった。行進は、家老が領国の武士たちを率いる形で行われ、一番目が丹羽長秀と摂津衆・若州《じゃくしゅう》衆、二番目が蜂屋頼隆と河内衆・和泉衆、そして三番目が光秀で、筒井順慶ら大和衆、高山右近（重友）・中川清秀ら上山城衆と共に行進した。

信長自身は、三十名ほどの付き人を従えて、終盤に登場。この時信長が身に付けていた小袖「蜀《しょっ》江《こう》の錦《にしき》」は、中国の三国時代に蜀の国から日本にもたらされた三巻のうちの一巻を、細川忠興が都中を探し回ってようやく見付け、信長に進上したものとされる。

家臣たちも衣装に気を配り、池田庄九郎（池田恒興の長男・元助）などは、金づくめの装束で現れ、御丁寧に馬の蹄やたてがみにも金を塗りつけていたという。正に織田軍団総動員（秀吉は中国遠征中のため参加していなかったが）の勇壮華麗なイベントとなった。

馬揃え当日には、正親町天皇や公家たちも招待され、天皇は大そう喜び、光秀の面目は大いに保た

馬揃えの馬場が設けられた付近（京都御苑）

れたのだった。好評を得て、三月五日にも小規模ながら再び馬揃えが行われたようである。ただ、この頃、信長は天皇に対して譲位と暦の変更（京暦から尾張暦への）を求めており、それを天皇が渋っていたため、馬揃えを禁《きん》裏《り》の横で行うことで、朝廷にプレッシャーを掛けようとしたのだ、という説もある。

　ともあれ、馬揃えの成功により、光秀は武将としてさらに自信を深めたことだろう。この大イベントを取り仕切った光秀の心理について、作家の永《なが》井《い》路《みち》子《こ》氏は、自分の号令一下で動く軍勢を前にして、一種の陶酔感《とうすいかん》を覚えたのではあるまいか、と推理している。それが、本能寺の変につながったとする、いわゆる光秀野望説の一つだ。

しかし、この年の六月、光秀は前述したとおり、十八ヶ条から成る「家中軍法」を定めている。その最後に、「(信長に) 石ころのような存在から召し出され、莫大な兵を任された。国家の費えとならないよう軍法定めた」と記している。本能寺の変の一年前、まだ光秀の信長への忠誠は、確かなものだったようだ。

馬揃えの行われた馬場は、禁裏東門外の「東の野」を潰してつくられた。平安京造営時の大内裏は、今の千本丸太町《せんぼんまるたまち》辺りを中心に設けられたが、たびたび焼失したため、天皇は里内裏《さとだいり》といって、外戚の邸宅などを御所にするようになった。

戦国時代の内裏は、今の京都御苑の西北寄りに位置しており、馬揃えの馬場は、京都御苑の中央辺りに南北に長く設けられていたと思われる。その規模は南北八町（八百七十二メートル）、東西一町（百九メートル）に及んだという。二度の馬揃えで踏み固められた跡地には、のちに公家屋敷や仙洞《せんとう》御所《ごしょ》がつくられていく。

毎年十月二十二日に行われる時代祭では、京都御苑の中を、かつての馬揃えよろしく戦国武将の騎馬が進む。もっとも、注意すべきは、当時の馬はサラブレットではなく、小型の日本馬であったことだ。サラブレットの体高（肩までの高さ）が百七十センチ近くあるのに対し、日本馬のそれは、せいぜい百三十センチ前後。したがって、馬揃えの勇壮さも少々割り引いて考える必要があるのかもしれない。

■京都御苑　京都府京都市上京区京都御苑
京都市営地下鉄烏丸線今出川駅から徒歩五分

第七十四場　大溝城〜織田信澄の居城の縄張りをする〜（滋賀県高島市）

天正九年（一五八一）二月の馬揃えで、光秀は三番目の行進だったが、五番目に行進したのは、信長の甥に当たる織田（津田）信澄であった。この信澄と光秀は、それまでから姻戚関係にあった。

信澄は信長の弟・信行《のぶゆき》（信勝）の嫡男で、信行は謀反を起こしたため、同母兄の信長に殺害されたが、信澄は祖母・土田御前《どたごぜん》の助命嘆願によって許され、柴田勝家の元で養育された。長じては武勇に優れ、信長は彼を重用し、光秀の次女（三女とも）を正室にあてがった。すなわち、光秀にとって信澄は娘婿だったのだ。

天正四年（一五七六）一月、光秀が波多野秀治の謀反により、黒井城攻めに苦戦した時、信澄は光秀の救援を申し出ているが、二人の関係からすれば、当然の対応であったろう。

天正六年に信澄は信長から近江国高島郡を与えられ、馬揃えに参加した時には、同郡の大溝城主となっていた。ところで、信澄が大溝城を築城する際、光秀はその縄張《なわば》りを引き受けている。光秀はどこで覚えたのか、城づくりの名手だった。元亀四年（一五七三）に信長が義昭と争った時には、吉田山に城をつくるよう、信長に強く勧めてもいる。

自分が普請奉行《ふしんぶぎょう》を務めて点数を稼ごうとしたのかもしれないが、信長の重臣らが現地検討した結果、その提案は取り上げられることはなかった。皮肉なことだが、信長がもし光秀の意見に従っていれば、彼は本能寺で死なずにすんだかもしれない。

光秀の築城能力は、自らの居城である坂本城や亀山城の築城で、いかんなく発揮された。そんな光秀であったから、信澄が居城を築くことになったと聞いて、自ら進んで縄張りを買って出たのだろう。大溝城は琵琶湖畔（西岸）に計画されていたので、坂本城をはじめ水城を得意とした光秀としては、余計一肌脱ぐ気になったのではないか。

ところで、本能寺の変が起こった時、信澄は四国の長宗我部《ちょうそかべ》攻めのため、大坂にいた。信長は上洛後、反対勢力である阿波の三好氏に対抗するため、長宗我部元親《もとちか》と手を結んだが、その交渉役を務めたのは、光秀だった。家臣の斉藤利三と元親が姻戚関係にあったことを利用してのこととされる。

ところが、その後、信長と元親は断絶するに至り、天正十年（一五八二）五月に信長の三男・信孝を大将にした四国討伐軍が編成され、信澄はそれに参加していたのだ。これまで織田と長宗我部の間を取り持ってきた光秀にとって、信長の四国攻めは面目丸つぶれの出来事で、これが本能寺の変の引き金になったとの説もある。

大溝城の石垣跡

ともあれ、本能寺の変の報が大坂に伝わると、信澄は、光秀の女婿《じょせい》であることから明智方への内通を疑われ、織田信孝《のぶたか》と丹羽長秀の軍勢によって、築城中の大坂城二の丸千貫櫓《せんがんやぐら》で殺害された。すぐに殺されたところを見ると、織田一族の中で信澄は異端視されていたのかもしれない。ちなみに、信澄の妻（光秀の娘）が、どうなったかは分かっていない。

信澄の死後、大溝城には丹羽長秀、加藤光泰《みつやす》、京極高次《きょうごくたかつぐ》などが順次城主として入り、天正十五年（一五八七）には城主・高次の元に、信長の姪（お市の方の娘）・初が輿入れしている。大溝城の城址には、今も天守周囲の石垣が原形を留めており、近くまで迫る琵琶湖の内海は、「乙女ヶ池」と名付けられ、水城であった大溝城の外堀の役目を果たしていたとされる。

■大溝城址　滋賀県高島市勝野
JR湖西線近江高島駅から徒歩十分

第七十五場　天橋立～細川藤孝らの招きで遊覧する～（京都府宮津市）

天正九年（一五八一）四月、光秀は細川藤孝・忠興父子の招きで、丹後の天橋立《あまのはしだて》で遊んだ。この時には、光秀の二人の息子や、歌人の里村紹巴、茶人の津田宗及も同行している（光秀が福知山城で明智秀満の接待を受けたのは、その途上でのことだった)。

光秀の息子については、『明智軍記』に「光慶《みつよし》」「十次郎」「十郎左衛門光近」「乙寿」などの名が出てくるが、実際の人数や名前はよく分かっていない。ただ、フロイスの書状に、山崎の合戦後坂本城が落城した際、光秀の二子がそこで死んだとあり、十三歳の長子は、欧州の王侯とも見えるような優美な人であったという。

この二子が、天橋立に同行した二人の息子と同一人物なのかは分からないが、光秀の息子たちも、幼くして、父と同様文化教養を身に付け、高貴な雰囲気を漂わせていたようだ。

さて、藤孝は前年までに光秀の加勢によって丹後を平定した。その結果、信長に南丹後の領有を認められ、光秀の支援を受けて居城の宮津城を完成させたばかりであった。丹後への招待は、こうした光秀の助力に対する謝礼の意味もあったのだろう。

光秀は福知山で一泊したあと、四月十二日に宮津

上方から見た天橋立　〈写真提供：海の京都DMO〉

で忠興主催の茶の湯の接待を受け、対岸の九世戸を飾船で遊覧したあと、天橋立の文殊堂で藤孝、紹巴と共に連歌会を興行した。

光秀の三女・玉（のちのガラシャ）も、夫・忠興と共に勝竜寺城から宮津城に移っており、結婚三年目にして、二人の間には長男（忠隆）・長女が生まれていた。光秀は、息子や娘、孫にも囲まれて、たまさかくつろいだ時間を過ごしたことだろう。

考えてみれば、永禄十一年（一五六八）上洛以来、戦の連続で、一度として気の休まる時は無かったかもしれない。光秀が、この平安を永遠のものとするには何をすべきか、真剣に考えたとしてもおかしくはない。その結果が、主君・信長の弑逆《しいぎゃく》だったのだろうか。ともあれ、一年二ヵ月後、この一族の平安は空中分解することになる。

本能寺の変の後、光秀は味方に付いてくれない藤孝父子へ、翻意を促す書状を出すが、その中で「五十日、百日ほどで平定したら、引退してあとは子どもたちに任せたい」といった旨のことを記している。ひょっとしたら、それは天橋立の遊覧時に思い描いた計画だったのかもしれない。

ちなみに玉は、変後「逆臣《ぎゃくしん》の娘」であるとして、舅《しゅうと》と夫によって、細川領である丹後国竹野郡の味土野《みどの》（『明智軍記』では丹波国三戸野としている）に二年近くにわたって幽閉されることになる。彼女が侍女らの影響で、キリスト教に関心を持つようになるのは、この間のことだ。

ところで、『多聞院日記』によると、この年の八月、光秀の妹「妻木」が亡くなり、彼女を頼りにしていた光秀は、ひどく落胆したという。この妹については、実妹ではなく煕子の妹で、信長の側室だったともいわれ、信長や光秀の伝達役として、政治的な働きもしていたようだ。この身内の死もまた、光秀の心理に小さからぬ影響を与えたのだろう。

さて、天橋立は言うまでもなく、宮津湾と阿蘇海《あそかい》を隔てる全長三・七キロほどの砂州である。日本三景の一つとして、毎年多くの観光客が訪れるが、観光地としての歴史は八世紀初頭にまで遡ると言われ、平安時代の歌人、小式部内侍《こしきぶのないし》の詠んだ歌

「大江山いく野の道の遠ければまだふみもみず天の橋立」は小倉百人一首にも取り上げられ、余りにも有名だ。光秀の時代には、武士にとっても恰好の保養地だったのだろう。

■天橋立　京都府宮津市文殊ほか
京都丹後鉄道宮豊線天橋立駅から徒歩五分

第十二幕　甲州征伐　1582・3～

第七十六場　諏訪法華寺　～不用意な発言で、信長に打ちのめされる？～（長野県諏訪市）

天正十年（一五八二）二月、信長はいよいよ甲州の武田氏の攻略に乗り出す。信玄が死んで九年、長篠の戦いで武田勝頼の軍を撃破して七年、もはや武田氏の衰退は明らかであった。折しも信玄の女《じょ》婿《せい》で信濃《しなの》の木曽《きそ》義昌《よしまさ》が信長方に寝返ってきたのが、信長の背中を押した。

二月十二日、織田信忠が大将となって、滝川一益らを従えて岐阜を出発した。三月二日、織田軍は信濃の高遠《たかとお》城を攻め落として甲州に入り、それに呼応して家康が、駿河《するが》の江尻《えじり》城主・穴山梅雪《あなやまばいせつ》（信《のぶ》君《ただ》）を投降させた。武田勝頼は本拠・新府《しんぷ》城での迎撃は不利と見て、三月三日、岩殿《いわどの》城（山梨県大月市）に籠城すべく新府城に火をかけ移動を開始した。

信長が光秀や細川藤孝、筒井順慶らを従えて、悠々と安土を出陣したのは三月五日である。光秀にとっては、生涯で最も遠方への遠征であった。信長の軍勢は、先発隊を追って東山道《とうさんどう》を進んだのだろうが、前年に軍法を定めていた光秀の軍は、ひと際立派だったという（『兼見卿記』）。

同月十一日、滝川一益は、家臣の裏切りに遭って天目山《てんもくざん》（山梨県甲州市）を目指していた勝頼を、

諏訪法華寺山門

田野《たの》という所に追い込んで自刃させた。ここに、数百年にわたって甲斐に君臨した武田氏は滅んだのである。一方、信長らは十九日になってようやく信濃の上諏訪《かみすわ》に入った。

信長が諏訪の法華寺《ほっけじ》に陣を張った時の逸話がある。光秀が、諏訪郡の制圧を祝して「自分もこれまで骨身を惜しまず働いてきた甲斐があった」と語ったところ、信長は、お前は一体どこで骨を折ったのかと言いながら、光秀の頭を欄干に押し付けて、さんざん打ちのめした、というものだ（『祖父物語』）。

もっとも、それまで信長の側近としてすべてをそつなくこなしてきた光秀が、こんな不用意な発言をするはずがない、というのが大方の見方のようだ。

なお、信長はここで甲州攻めの論功行賞《ろんこうこうしょう》を行い、家康をはじめ多くの武将が法華寺を訪れている。穴山梅雪は所領を安堵、木曽義昌に安曇《あずみ》・筑《ちく》摩《ま》の二郡が、家康には駿河一国が与えられた。

法華寺は、天台宗の開祖・最澄が東国布教の際、弘仁《こうにん》六年（八一五）に開山したと伝えられる。その後禅宗の寺となり、戦国期は諏訪神社上社神宮寺の一坊でもあった。武田信玄が諏訪明神を信仰していたため、先鋒の信忠は、諏訪神社上社の社殿をことごとく焼き払っていた。そうした中、信長と光秀らは焼け残った法華寺に入ったのだ。

その後、神宮寺の伽藍は復興したようだが、明治維新後の神仏分離令で多くが棄却され、法華寺だけは残ったものの、その法華寺も、平成十一年（一九九九）に放火により本堂などの堂宇が焼失。当時のものとしては山門が残るのみである。

■諏訪法華寺　長野県諏訪市中洲神宮寺八五六
ＪＲ中央本線上諏訪駅からかりんちゃんバスで「上社」下車、徒歩すぐ

第七十七場　躑躅ヶ崎館～武田氏の古府を検分する～（山梨県甲府市）

天正十年（一五八二）の四月二日、信長らは諏訪法華寺から甲州街道を甲斐に向かって出発した。そして、翌三日、武田氏の新府城（山梨県韮崎《にらさき》市）の焼け跡を検分した。

前年の暮れ、勝頼はじめ武田一族は、躑躅ヶ崎《つつじがさき》館《やかた》を出て新府城に移ったのだが、同城は前月に勝頼がここを脱出する際、自ら火を付けて焼き払っていた。武田氏の新たな拠点は、完成からわずか三ヵ月で消滅していたのである。

新府城の検分を終えた信長らは、かつての武田氏の居館・躑躅ヶ崎館に入った。同館は、武田信虎《のぶとら》が永正十六年に築いたとされ、武田氏は、それまでの石和《いさわ》荘（山梨県笛吹《ふえふき》市）から甲府へと本拠を移したのであった。

信虎の後を継いだ信玄は、信長が最も恐れた武将だったろう。躑躅ヶ崎館は城ではなく館であったが、信虎も信玄も、戦とは討って出て行うものであり、守るという発想がなかったといわれる（もっとも、裏山に退避用の詰城《つめのしろ》を設けていたようだが）。信長らはこの日、躑躅ヶ崎館跡に仮御殿を建て宿泊した。

信玄は、足利義昭が巡らした信長包囲網の中心

武田神社内に残る躑躅ヶ崎館の遺構

人物であり、実際、元亀三年（一五七二）十二月の三方ヶ原《みかたがはら》の戦い（静岡県浜松市）では、信玄率いる武田軍が、織田・徳川連合軍を完膚《かんぷ》なきまでに撃破している。それまでに信長は、武田氏との間に婚姻関係を結んではいた。姪で養女である龍勝院《りゅうしょういん》を信玄の嫡男・勝頼に嫁がせ、信玄の娘・松姫《まつひめ》と嫡男・信忠と婚約させているのだ。

しかし、複雑に入り組んだ戦国の政治力学によって、それらの効力は消し去られた。上洛途上に信玄が不慮の死を遂げることがなかったら、信長の、そして光秀のその後の運命は大きく異なったものになっていただろう。光秀は、信玄と直接戦った経験は持たなかったかもしれない。天正二年（一五七四）の東美濃への遠征でも、武田軍との正面衝突はなかったようだから。

ただ、その勇猛さは十二分に認識していたはずである。信虎、信玄と続く武田氏の隆盛を見守った躑躅ヶ崎館……それがもはや廃墟と成り果てた現実を光秀はどう見たか。折しも、信長一行が躑躅ヶ崎館に入ったその日、信長は武田家の菩提寺である恵林寺《えりんじ》を信忠に命じて焼き討ちにし、高僧・快川《かいせん》紹喜《じょうき》をはじめ、百五十人の僧侶を焼き殺した。「安禅必ずしも山水を須《もち》いず、心頭を滅却すれば火自ずから涼し」と唱えて、従容《しょうよう》として死んだ快川和尚の最期は有名だが、ほとんど人間とは思えない信長の悪行である（ちなみに快川は土岐氏の出身で、天皇から国師号を賜っていた）。

敵をかくまっていたからとはいえ、こんなことがいつまでも許されるはずがない。「驕《おご》れるもの久しからず」という歴史の法則を、光秀は、自らの主君・信長にも当てはめたかもしれない。

さて、武田氏滅亡後、躑躅ヶ崎館には一時、信長の家臣・河尻秀隆《かわじりひでたか》が入ったともいわれるが、山崎の合戦後は、徳川家康の支配下となり、天正十一年（一五八三）に家康の家臣・平岩親吉《ひらいわちかよし》が、二キロ南に甲府城を築城するに及んで、躑躅ヶ崎館は破却された。

現在、館跡は大正時代に建てられた武田神社の境内となっており、遺構として土塁や堀、石垣などを見ることができる。

■武田神社（躑躅ヶ崎館城址）　山梨県甲府市古府中町二六一一
ＪＲ中央本線甲府駅から山梨交通バスで「武田神社」下車、徒歩すぐ

第七十八場　富士川～駿河国で富士見物を満喫する～（静岡県富士市）

天正十年（一五八二）四月十日、信長一行は甲府を出発し、中道往環《なかみちおうかん》（現・国道三百五十八号・百三十九号線）を通って南下した。徳川家康が警固し、休息の茶屋などを用意したという。家康はひと月前、穴山梅雪を案内役として、駿河からこのルートを逆に甲斐へと攻め上っていた。

信長らは、十二日に富士の裾野で小姓衆と「御狂《おくる》い」（激しい舞や踊り）を行い、白糸の滝（静岡県富士宮市）を見物している。そして、十三日に富士川を馬で渡り、駿河国蒲原《かんばら》の茶屋で休息した。

天気さえよければ、富士川から見る富士山は絶景であったろう。『信長公記』では、「山頂に雪が積もって白雲のようであった」と描写している。信長は年来、天竺《てんじく》（インド）・震旦《しんたん》（中国）・扶桑《ふそう》（日

富士川から見る富士山

本）三国の名山である富士山を見たいという願いを持っていたという。

甲斐に入ってからというもの、毎日のように富士の姿に接し、十分堪能していただろうが、富士川からの眺めは、また格別だったかもしれない。甲斐・信濃・駿河を平定し、今やこの日本一の山をすべて自分の領地に治めることが叶ったのである。

一方、教養人の光秀は、平家物語にある「富士川の合戦」を、おそらく思い起こしたのではあるまいか。治承《じしょう》四年（一一八〇）十月二十三日、平維盛《これもり》率いる平氏軍は、富士川を挟んで源氏軍と対峙していた。東国武士の恐ろしさをさんざん吹き込まれていた平氏の兵たちは、その夜、水鳥が飛び立つ羽音に驚き、源氏軍の襲撃と勘違いして、散り散りに逃げ出した、という逸話《いつわ》である。

今や織田軍の強さは、当時の源氏軍に匹敵するものであった。その統領に敢然と挑もうとする勇気を光秀に与えたのは、あるいはここで見た富士の雄姿であったかもしれない。

この年の二月に浅間山《あさまやま》が大噴火し、京からも噴煙が観測できたという。富士はどうであったか。富士山の噴火史をひも解くと、永正八年（一五一一）に噴火の記録があるが、その後は、宝永《ほうえい》四年（一七〇七）の大噴火まで二百年近く噴火していない。

信長や光秀が眺めた富士も、今我々が新幹線の富士川橋梁から眺める富士と同様、穏やかな姿だったのだ。しかし、宝永の大噴火で発生した宝永山ができる前の、今とは少し輪郭の違う富士だったはずである。

■富士川　静岡県富士市
ＪＲ東海道本線富士川駅から徒歩十分（富士川河川敷憩いの広場）

第七十九場　掛川城～今川氏の興亡を偲ぶ～（静岡県掛川市）

天正十年（一五八二）四月十三日に駿河国へ入った信長一行は、東海道を西に進んだ。田子《たご》の浦や三保《みほ》の松原などの名所を見物しながら、その日は江尻城（静岡市清水区）に宿泊した（同城は二月まで穴山梅雪の居城であった)。

翌十四日は、岩櫃《いわびつ》城・岩殿城とともに「武田の三名城」と呼ばれた久能《くのう》城(同市駿河区)に立ち寄り(同城は標高二百十九メートルの山の上にあった)、田中(静岡県藤枝市)に泊まっている。

そして、翌四月十五日、信長らは大井川を越え、駿河国から遠江《とおとうみ》国に入った。一行が大井川を渡る時、大勢の人夫が川の中に立ち、激流を防いだといわれる。家康の信長に対する心配りが、相当なものだったことが伺えるエピソードだ。この日、信長らは掛川《かけがわ》に宿しているが、そこで光秀は、当然掛川城を目にしたことだろう。

掛川城は、十五世紀後半の文明年間に、駿河国の今川氏八代当主・今川義忠《よしただ》によって築かれたとされる。今川氏は鎌倉時代に三河国・吉良《きら》氏の分家として興った名門で、十一代義

掛川城木造復元天守

元の頃には、駿河国に加え遠江、三河両国を勢力下に置く守護大名となった。

しかし、永禄三年（一五六〇）に義元が桶狭間《おけはざま》の戦いで信長に討たれ、十二代氏真《うじざね》の時代になると弱体化が進んだ。掛川城は今川氏の家臣・朝比奈《あさひな》氏が代々城代を務めていたが、同十一年（一五六八）、甲斐の武田信玄と三河の徳川家康が駿河を挟撃すると、氏真は本拠の駿府館を捨て、掛川城に逃げ込んでくる。そこを家康軍が包囲。城代の朝比奈泰朝《やすとも》は防戦に努めるが、やがて氏真の助命を条件に掛川城を明け渡し、ここに戦国大名として栄華を極めた今川氏は滅んだのであった。

それから十四年、家康は甲州征伐の功績で信長から駿河国を与えられ、今やかつての今川氏と同様、駿河・遠江・三河の三国を領する大大名になった。掛川城には家康の家臣・石川氏が城代として入っていたようだ。光秀は、自分の上洛と入れ替わるように歴史から姿を消した今川氏に、きっと思いを馳せたことだろう。文弱のイメージのある氏真を反面教師に見立てたかもしれない。

その後の掛川城は、家康の関東入封に伴い、石川氏に代わって山内一豊《かずとよ》が城主となった。一豊は、城の改修を行い、瓦葺《かわらぶき》の建物や天守、石垣を持つ近世城郭の体裁を整えたとされる。

関ケ原の合戦後は、多くの譜代大名が城主を務めたが、安政《あんせい》元年（一八五五）の東海大地震で大半の建物が倒壊。一部は再建されたが、明治維新後の廃城令により破却された。現在、城址にある天守は、平成六年（一九九四）四月に木造により復元されたもので、日本初の木造復元天守といわれる。

■掛川城公園　静岡県掛川市掛川一一三八・二四
ＪＲ東海道本線・東海道新幹線・天竜浜名湖鉄道掛川駅から北へ徒歩七分

第八十場　浜松城～家康の本拠地でくつろぐ～（静岡県浜松市）

天正十年（一五八二）四月十六日、信長一行は天竜川に舟橋《ふなばし》を架けて渡河し、家康の案内で、この日は浜松（城）に宿泊した。これより十二年前の元亀元年（一五七〇）、家康は武田信玄の侵攻に備えるため、本拠を三河国の岡崎城から遠江国の浜松城に移していた。

当時、浜松は曳馬《ひくま》と呼ばれていたが、家康は縁起を担いで、かつての荘園名の浜松に改名したといわれ、それに伴い曳馬城も浜松城に名称変更されたのである。曳馬城の起源は定かでないが、今川氏四代当主・今川貞相《さだすけ》が築いたともいわれる。

その後、今川氏の家臣である飯尾《いのお》氏が城主を務めるが、永禄十一年（一五六八）に同城は家康によって攻め落とされた。その時の城主は、井伊直虎（井伊谷城）やおつやの方（岩村城）と共に「戦国の女城主」として有名なお田鶴《たづ》の方であった。彼女はかつての曳馬城主・飯尾連達《つらたつ》の妻で、連達が今川氏に暗殺されたあと、夫に代わって当地を治めていたのだ。

家康は籠城するお田鶴の方に使者を送り、一族の助命を約束し降伏を呼びかけるが、彼女が「女といえども曳馬の家の者」と言って、それを断固拒否したため、やむなく攻撃に踏み切った。お田鶴の方は城兵を指揮して奮戦。最後は次男と侍女十八名を左右に従え、城外へ討って出たが、ついに力尽き、全員が討ち死にしたという。

家康が本拠を浜松に移して二年後の元亀三年（一五七二）十二月、武田信玄の挑発を受けた家康は、信玄を討つべく浜松城から出陣したが、逆に三方ヶ原で武田軍の猛攻を受け、這《ほ》う這《ほ》うの体で浜松城に逃げ帰り（その際、家康は恐怖の余り馬上で脱糞したという有名な話もある）、追手の武田軍勢を「空城計《くうじょうけい》」（あえて自分の陣地に敵を誘い込み、敵に警戒心を持たせて攻撃を躊躇《ちゅうちょ》させる戦術）で凌いだといわれる。

そんな自慢話や失敗談を家康は、信長や光秀に苦笑いしながら開陳《かいちん》したのだろうか。ともあれ、信

浜松城復元天守

長は浜松での家康の接待に非常に満足したという。一方、光秀にとって今回の遠征は、信玄・信長・義元・家康という当代きっての武将たちの、長所・短所を冷静に分析するよい機会であったかもしれない。そもそも、甲州征伐の主力は信忠が率いる軍勢だったので、信長の目的は、もっぱら武田旧領の知行割りや東国の視察であった。したがって、信長に随行した光秀も、気分的にゆとりがあっただろう。

本能寺の変後の天正十四年（一五八六）、家康は本拠を浜松から駿河国の駿府に移すが、その後も浜松城は存続し、江戸時代には浜松藩主の居城として機能した。明治維新後に廃城となったが、戦後、城址は浜松城公園として整備され、昭和三十三年（一九五八）には、鉄筋コンクリート製の天守が復元された。

■浜松城公園　静岡県浜松市中区元城町一〇〇・二
ＪＲ東海道本線／東海道新幹線浜松駅から徒歩二十分

第十三幕　本能寺の変　1582・5〜

第八十一場　安土城〜信長の賓客・家康を接遇する〜（滋賀県近江八幡市）

天正十年（一五八二）四月十七日に浜松を出立した信長は、清州、岐阜を経て同月二十一日に安土《あづち》に戻った。翌月、徳川家康が穴山梅雪と共に、甲州征伐の「お礼」のため、安土城の信長を訪問することになった。信長にとって、家康はかけがえのない盟友であり、甲州での活躍も目覚ましかったから、十分な饗応《きょうおう》をするべく、その接待準備役を光秀に命じたのだった。

他の重臣の多くが出陣中ということもあったようだが、気配りの利く光秀こそ、そういう役に適任と感じたのだろう。光秀は、調度品を整え、京都や堺の珍品などをそろえて、五月十五日から十七日までの間、家康を盛大にもてなしたといわれる。

ところが、一方でこんな話も伝えられている。『川角太閤記』によると、この時光秀が用意した肴《さかな》類を信長が事前に調べたところ、生魚が悪臭を放っていたため、信長は激怒、光秀が慌ててその肴類をすべて堀へ捨てさせたため、悪しき臭いが安土中に漂い、光秀は面目を失ったという。

また、フロイスの著した『日本史』にも、家康の饗応に絡んで、信長と光秀の間で口論が起こり、怒った信長が光秀を一度二度と足蹴《あしげ》にしたとある。

この結果、光秀は饗応役をはずされ、西国への出陣を命じられた、とされるのだが、実際光秀は、その準備のため、五月十七日に坂本城へ引き上げている。西国への出陣とは、備中で毛利軍と対峙している秀吉を助けるため、その下に付けということであった。

安土城の石垣と石段跡

ライバル秀吉の命に服さねばならぬことは、これはこれで光秀にとって耐えがたいものであったろう。さらに『明智軍記』によると、西国出陣の命に併せ、信長は光秀に対し、丹波一国と近江国志賀郡を召し上げ、その代わりに出雲（島根県東部）と石見《いわみ》（同西部）両国を切り取り次第に与える、と宣告したとされ、これが本当なら、体のよい左遷である。そんな信長の仕打ちを恨んで、光秀は本能寺の変を起こしたというのも怨念説の一つだ。

ところで、信長が琵琶湖東岸の安土山（標高百九十九メートル、比高百メートル）に安土城を築いたのは、天正四年（一五七六）二月のことだ。元は六角氏の支配下にあった安土は、岐阜城より京に近く、水運にも恵まれており、本拠を移すにふさわしい場所であったのだろう。『信長公記』によると、石垣を組むに当たって、観音寺山、長命寺山などから大石を引き下ろし、安土山に引き上げるのに、千から二千人、時には三千人の人足を割り当てたという。

五層七重の天守を有したというその姿は、フロイスをして「我々（ヨーロッパ）の塔より壮大で気品がある建築物」と言わしめた。琵琶湖西岸の坂本城主であった光秀は、たびたび主君・信長のいる対岸の安土城へ船で通った。天正十年の正月にも信長に年頭の礼を行うため、同城に赴いている。

家康接待の半月後、本能寺で信長を死に追いやった光秀は、その三日後、信長に代わる当主としてこの城に入ることになる。が、山崎の合戦で光秀が滅ぶと、留守居役の明智秀満らは撤退し、安土城は何らかの原因により焼失してしまう（秀満が出た後に入城した織田信雄《のぶかつ》の軍が火を付けたという公算が強いようだ）。

その後も、城の一部は機能していたようだが、天正十三年（一五八五）、豊臣秀次《ひでつぐ》が四キロほど西に八幡山城を築くに及んで、安土城は完全に廃城になったと見られている。現在城址には、麓から山頂の天守へと連なる石段や曲輪を画す石垣が残り、往時の威容を偲ばせてくれる。

■安土城址　滋賀県近江八幡市安土町下豊浦
ＪＲ東海道本線安土駅から徒歩二十五分

第八十二場　愛宕山本宮
～必勝祈願のくじを二度、三度引く～（京都府京都市）

天正十年（一五八二）五月十七日、光秀は信長に家康の接待役をはずされ、西国出兵の命を受けた。それが、毛利方と対峙している秀吉を支援するためであることは、前述したとおりである。

光秀は一旦坂本城に戻り、配下に出陣命令を伝えたあと、五月二十六日に亀山城へ移動した。翌二十七日、亀山城の守護神でもある愛宕山《あたごやま》に登った。当時は神仏習合の時代で、愛宕山の山頂には愛宕権現を祀る白雲寺《はくうんじ》が堂宇伽藍を連ねていた。

光秀はまず、愛宕権現の本持仏《ほんじぶつ》である本宮の勝軍地蔵《しょうぐんじぞう》に戦勝を祈願した。もちろん、建前は西国遠征の必勝祈願である。しかし、この時点で光秀が謀反を決意していたことは確実であろう。信長の

愛宕神社本殿

重臣のうち、秀吉は備中、柴田勝家は越中、滝川一益は上野《こうずけ》でそれぞれ陣中にあり、丹羽長秀は大坂で四国へ出陣しようとしており、いずれも変事にすばやく対応できる状態にはなかった。

そして、信長本人は少人数でまもなく京都（本能寺）へ入るという情報を得ていたに違いなく、正に信長を討つ千載一遇《せんざいいちぐう》のチャンスが訪れようとしていたのだ。

勝軍地蔵とは、これに祈れば戦に勝つと伝えられる地蔵で、鎌倉時代以降、武家の間で信仰されていた。愛宕山白雲寺のそれは、馬にまたがり、甲冑《かっちゅう》を身に付け、剣を持った勇ましい姿をしていることもあって殊《こと》に崇《あが》められたようだ。光秀は天正三年（一五七五）の丹波計略を始める際にも、必勝祈願のためここへ参拝している。

ちなみに、備中高松城で秀吉と睨み合っていた毛利輝元も、六年後の天正十六年（一五八八）、和睦した秀吉の招きで上洛した際に、黒田官兵衛の案内で愛宕山に参詣している。

さて、勝軍地蔵に祈願したあと、光秀は愛宕権現（太郎坊）が祀られた奥院の前で、くじを二度、三度と引いたという。この所作は、想像力を掻き立てる。人生最大の大博打を前にした彼の心の動揺の表れではなかったか。

くじを三度引いたとして、おそらくその順は、凶・凶・吉であったろう。現代のサラリーマン川柳に「いい数字　出るまで計る　血圧計」というのがあるが、正にその心境だったに違いない。この日一晩、光秀は愛宕山に参籠（神仏に祈るため、神社・寺院などに籠ること）している。

愛宕山は京都盆地の西北に位置し、標高九百二十四メートルで京都盆地から見える山としては最高の部類だ。八世紀のはじめに修験道《しゅげんどう》の役小角《えんのおづぬ》と泰澄《たいちょう》が、愛宕山で天狗（太郎坊）に出会い、山頂に神廟を建てたのが、霊山・愛宕山の起源とされる。

そして天応《てんおう》元年（七八一）、光仁《こうにん》天皇の勅により和気清麻呂《わけのきよまろ》が唐の五台山に倣って愛宕五坊を建立し、そのうちの一つ、愛宕山頂に築かれたのが白雲寺だった。

その後、白雲寺は修験道場として隆盛を極めたが、明治維新後の慶応四年（一八六八）、神仏分離令により白雲寺は破却され、強制的に愛宕神社に改組された。光秀が戦勝祈願した勝軍地蔵は、現在、洛西の金蔵寺《こんぞうじ》（京都市西京区大原野石作町）に移されており、また、愛宕五坊のうち、月輪寺《つきのわでら》（大鷲峰）と神護寺《じんごじ》（高雄山）の二つは現存する。

■愛宕山本宮　京都府京都市右京区嵯峨愛宕町一
京都バス「清滝」から徒歩二時間四十分

第八十三場　愛宕山威徳院（西ノ坊）～百韻連歌会を催す～（京都府京都市）

天正十年（一五八二）五月二十七日、愛宕山に参籠した光秀は、翌二十八日、白雲寺の威徳院《いとくいん》（西ノ坊）で百韻連歌会を興行した。世にいう「愛宕百韻《あたごひゃくいん》」である。当時、戦の前に神前で連歌会を開き、読まれた連歌を奉納すれば、戦に勝つと信じられていたのだ。

この連歌会には、光秀のほかに、彼の歌の師匠でもある里村紹巴《じょうは》、西ノ坊の行祐、光秀の長男（光慶）ら八人が参加した。冒頭に光秀が詠んだ句「時は今あめが下しる五月哉」は、彼の謀反の意志を表しているとして、余りに有名だ。

「時」は、明智氏の本姓である「土岐」のことであり、「あめが下しる」は「天下を治める」を意味すると解釈されている。ちなみに、光慶が詠んだとされる挙句《あげく》（最後の句）は「国々はなほ長閑《のどか》なる時」で、土岐氏の支配の下での平安を念じたとも読める。

もっとも、山崎の合戦のあと、この連歌について秀吉に詰問された紹巴は、はじめ「あめが下なる」となっていたのを、誰かが中傷するために「あめが下しる」に改竄《かいざん》したのだ、と答えて事なきを得た

といわれる（実際には、初めから「下しる」だったのだが、紹巴は「し」の字を一旦消して、再び「し」を書き入れ、上記のように言い訳したとの説も）。

紹巴は奈良の生まれで、この時五十七歳。はじめは松井姓だったが、連歌界の重鎮・里村昌休《しょうきゅう》について連歌を学び、自ら連歌師となって里村家を継いだとされる。社交家の彼は、光秀以外にも信長、秀吉、細川藤孝、三好長慶など多くの武将や公家と交流を持った。光秀にとって紹巴は、宮司の吉田兼見や茶人の津田宗及らと共に、文化活動を行う上でなくてはならない存在だったのだ。天橋立の遊覧や周山城の月見会でも、紹巴は当然のごとく光秀と同席している。

天正六年（一五七八）五月四日付けで、光秀が紹巴に宛てて出した書状が残されている。この時、光秀は信長の命で、秀吉を支援するため播磨に出陣中であった。その文面には、須磨の月見松、松風《まつかぜ》村雨《むらさめ》の一本、明石の人丸塚《ひとまるづか》などを見物したことを報告し、貴下を誘って来たらよかったろうに、と残念がっている。

ちなみに、月見松とは平安時代の歌人・在原行平《ありわらのゆきひら》が須磨に流された際に月見をした場所、松風村雨の一本とは、行平が愛した松風・村雨という姉妹（世阿弥の能で有名）にゆかりのある松の木、人丸塚とは飛鳥時代の歌人・柿本人麻呂《かきのもとのひとまろ》を祀った塚である。

光秀は、こうした古典にまつわる話題について、紹巴とこそ語り合いたかったのだろう。きっと、同行するむくつけき武士たちの中には、そんな話が通じる者は見当たらなかったろうから。

さて、愛宕百韻が行われた威徳院（西ノ坊）は、白雲寺の宿坊の一つであった。威徳院以外には、教学院（尾崎坊）、福寿院（下坊）、勝地院（長床坊）、大善院（上坊）、宝蔵院があり、合わせて六宿

愛宕神社に向かう階段横の灯篭に威徳院の文字が…

坊と呼ばれた。前述したとおり、白雲寺は明治維新後に破却されたため、現在は、六宿坊の建物は一つも残っていない。

■愛宕山威徳院（西ノ坊）跡　京都府京都市右京区嵯峨愛宕町
二四三頁参照

第八十四場　水尾の里　〜明智越えで、清和天皇隠棲の地を通る〜（京都府京都市）

亀山城から愛宕山へ参拝するのに、光秀はどういうルートを採ったのか。京都側からなら清滝《きよたき》からの表参道を使うのが、今も昔も一般的だったろう。

江戸時代には、愛宕山の火伏信仰が隆盛し、「お伊勢に七度、熊野へ三度、愛宕さんへは月参り」と歌われるぐらいだった。地域ごとに愛宕講《こう》が組織され、代参者が月参りをし、表参道はいつも賑わって、山頂までのそこここに茶屋が並んでいた。

カワラケ投げのできる茶屋もあり、「愛宕山」という古典落語の演目では、芸妓や太鼓持ちを同伴して愛宕詣に来た江戸の旦那が、途中茶屋でカワラケ投げに興じるシーンを、面白おかしく描いてい

柚子畑の広がる水尾の里

る。ともあれ、光秀の愛宕百韻に京都から直接参加した者があったら、おそらく表参道を使用したことであろう。

しかし、亀山城からわざわざ清滝まで出るのはいかにも遠回りだ。周辺の山麓から愛宕山山頂へ至る登山ルートは、古来三十以上もあるという。その中から光秀が採用したのは、今の亀岡市保津《ほづ》町から水尾《みずお》を経て、山頂に向かうコースだった。後年「明智越え」と呼ばれるようになる登山道だ。

水尾は山間の小さな集落で、柚子《ゆず》を多く産することから「柚子の里」と呼ばれるが、清和《せいわ》天皇の隠棲の地としても知られる。皇位を譲り出家した清和天皇は、元慶《がんぎょう》四年（八八〇）三月、水尾に入り、水尾山寺で断食を伴う激しい修行を行ったといわれる。

二年後、洛東の円覚寺《えんかくじ》において三十二歳で亡くなるが、遺骨は水尾山の上に葬られた。円覚寺は応《おう》永《えい》二十七年（一四二〇）に焼失し、その後清和天皇との縁で水尾山寺がその名を継承する。

さて、清和天皇と言えば、清和源氏の始祖である。清和源氏の流れを汲む土岐氏に属する光秀であってみれば、水尾を通過した際、愛宕山への登り口にある同寺へ立ち寄り、天皇の菩提を弔った可能性は小さくないだろう。

水尾円覚寺は延宝《えんぽう》七年（一六七九）に大火で焼失したが、安永《あんえい》五年（一七七六）に再建された。現在、同寺には衣冠束帯《いかんそくたい》姿の清和天皇坐像と、天皇の持仏と伝わる薬師如来座像（本尊）が安置されている。なお、清和天皇陵は水尾円覚寺から西に一・五キロほど離れた清和山の中腹にある。

■水尾の里　京都府京都市右京区嵯峨水尾
ＪＲ嵯峨野線保津峡駅から水尾自治会バスで「水尾」下車、徒歩すぐ

第八十五場　篠村八幡宮～源氏ゆかりの神社に立ち寄る？～（京都府亀岡市）

愛宕山の参詣を終えて亀山城に戻った光秀は、天正十年（一五八二）五月二十九日、さも西国へ出陣するかのように、百駄《だ》ほどの荷を西国に向け発送した（『川角太閤記』）。もちろん、この時には光

篠村八幡宮境内にある足利尊氏の旗揚げの地碑

秀の謀反の決意は固まっている。それを悟られないための措置だったのは、間違いなかろう。

なおこの日、信長はわずかの供回りを従えて、雨の中安土を立ち、その日のうちに京の本能寺へ入った。信忠は一足先の同月二十一日に入京し、妙覚寺に宿して西国への出陣準備に取り掛かっている。ちなみに、安土で饗応を受けていた家康らは、信忠と共に上洛し、能などを見物したあと、信長と入れ替わりに堺へ向かったようである（信忠は信長を迎えるため、そのまま京に残った）。

天正十年の五月は小の月で、二十九日までしかなく、次の日は六月一日だった。本能寺の信長の元には、山科言経や勧修寺《かじゅうじ》晴豊《はるとよ》などの公家をはじめ、多くの訪問客があったという（茶会が催されたとも）。晴豊の日記『日々記《ひびき》』によると、信長との間でしばし雑談が交わされ、武田氏を討ち果たした時の様子や西国へ向け四日に出陣することなどを話題にしている。

さて、光秀は一日の午後四時頃、家中の侍大将や主だった物頭《ものがしら》を集め、出発の準備を急ぐよう命じ、準備ができ次第出発すると伝えた。森蘭丸《らんまる》（信長の小姓《こしょう》）からの使いが来て、信長が本能寺で明智軍の陣容・軍装の検分を行うことになったから、と説明しているが、これも当然嘘だろう。

光秀率いる軍勢は、午後六時頃、亀山城を出立し、野条《のじょう》（亀岡市篠町）で勢ぞろいした。『信長公記』では、備中に向けて三草《みくさ》越えをしようとしたが、途中で引き返したとする。三草越えとは、今の国道四百二十三号線（摂丹《せったん》街道）のルートに当たり、当時亀山と摂津国を結んでいた。

とまれ、勢ぞろいした明智軍の兵は一万三千余に及んだ。ここで、光秀は初めて数人の重臣たちに謀反の思いを伝えたとされる。その重臣とは、女婿の明智秀満、明智治右衛門《じえもん》、藤田伝吾《でんご》、斉藤利三の四人だった（溝尾庄兵衛《みぞおしょうべえ》 尉《のじょう》が加わっていたとも）。彼らは、「めでたいことをお考えになりました。明日からは上様と仰ぎ奉ることにいたしましょう」と言って、主君の決断に賛同したという（『川角太閤記』）。午後八時過ぎ、明智軍はいよいよ山陰街道を京へ向け出発した。

ほどなく、一行は山陰街道沿いにある篠村八幡宮《しのむらはちまんぐう》の前に差し掛かったはずである。延久《えんきゅう》三年（一〇七二）に源頼義《よりよし》によって創建されたと伝わる同宮は、八幡太郎義家《よしいえ》が東征の際に祈願し、また足利尊氏《たかうじ》が討幕を決意した地でもあり、当然光秀もそれを承知していただろう。

源氏にとってはいわば聖地といってもよく、ここを通過する時、光秀がおそらく拝礼したであろうことは想像に難くない。実際、本能寺の変を起こした光秀の動機として、平氏である信長の征夷大将軍への任官を阻止するためだったとの説もある（信長が本能寺に入った目的の一つは、朝廷に勧められていた将軍任官について、返答するためだったともいわれる）。

織田氏の出自については、諸説あってはっきりしないのだが、信長自身は先祖を当初は藤原氏とし、のちに平氏であると称したようである。源氏の流れをくむ土岐の一族である光秀としては、平氏が将軍の座に就くことが許せなかったという訳だ。

現在、亀岡市西部では府道四百二号線が、ほぼかつての山陰街道をなぞって走っている。篠村八幡宮は府道沿いに現存し、こんもりとした高木に覆われた境内には、足利尊氏旗あげの地碑のほか、尊氏ゆかりの「矢塚」や「旗立楊《はたたてやなぎ》」などがある。

■篠村八幡宮　京都府亀岡市篠町篠上中筋四五・一
ＪＲ嵯峨野線亀岡駅から京阪京都交通バスで「篠」下車、徒歩五分

第八十六場　老ノ坂～深夜に京への峠を越える～（京都府亀岡市～京都市）

山陰街道を東に進んだ明智軍は、やがて老ノ坂《おいのさか》（老ノ山）の峠（標高二百二十メートル）に至った（『信

長公記』)。天正十年(一五八二)六月一日の午後十時から十一時頃であったろう。当時ここが、丹波国(桑田郡)と山城国(乙訓郡)の境であった。しばらくすると、京の街が望めたであろうが、電気のない当時、それは暗くくすんで見えたはずである。

その頃、(一説によると)本能寺では酒宴が開かれ、妙覚寺から信忠も訪れて、父・信長と久しぶ

旧山陰街道の老ノ坂付近

りに酒を酌み交わしていた。信忠が帰ったのち、信長が床に就いたのは、深夜遅くになってからであったという。

ところで、『明智軍記』では、亀山城を出た光秀は隊を三つに分けたとしている。一つは山陰街道の老ノ坂越え、あとの二つは、明智越えで水尾から保津峡《ほづきょう》を経由して鳥居本《とりいもと》に出るルートと、老ノ坂の北の尾根沿いを東に進み、松尾に出る唐櫃《からと》越えだ。

それぞれ、明智秀満、光秀、明智治右衛門が先導し、その後、三隊は合流して桂川を渡り、本能寺へ向かったとするが、真偽は不明である。ただ、一万三千の大軍をスムーズに移動させ、かつ不測の事態に対するリスクヘッジのためには有効な作戦だったかもしれない。

丹波国と山城国の境界碑

現在、国道九号線の老ノ坂トンネルの南側に、旧山陰街道が残されていて、老ノ坂峠付近に、「従是東山城国」と彫られた、丹波国と山城国の境界を示す小さな石碑が立つ。近くには、首塚大明神の社と鳥居があり、一種神秘的な雰囲気を漂わせているが、それもそのはず、ここに祀られているのは、大江山（京都府福知山市）の鬼「酒呑童子」なのだ。

平安時代、大江山で酒呑童子を討ち取った源頼光らは、その首を京へ運ぼうとするが、老ノ坂に来たところで、路傍に立つ子安地蔵尊《こやすじぞうそん》に「不浄なものを京へ持ち込むな」と戒《いまし》められる。すると、童子の首が動かなくなってしまい、仕方なく一行は、そこに童子の首を埋めたのだという。

また、童子は死に際にそれまでの悪行を悔い改め、死後は首から上に病を持つ人を助けたい、と言い残したことから、首塚大明神は首から上の病気に霊験《れいけん》あらたかといい、今も多くの参拝者を集めているようだ。ちなみに、「老ノ坂」という名称は、「大江（枝）の坂」が訛《なま》ったものともいわれる。

さて、光秀が、老ノ坂峠で童子の首塚に目を止めたかどうかはわからないが、その後いくばくもなく、彼本人の首塚がつくられることになるのである。

首塚大明神

■老ノ坂　京都府亀岡市篠町王子大坪～京都市西京区大枝沓掛町
ＪＲ京都駅から京阪京都交通バスで「老ノ坂峠」下車、徒歩十五分

第八十七場　沓掛〜西国との分岐点で真夜中の食事をとる〜（京都府京都市）

明智軍が老ノ坂を下り切り、麓の沓掛《くつかけ》に着いたのは、日付が変わった六月二日の午前零時頃だったと思われる。光秀はここで全軍に小休止を命じ、夜の食事をとらせた。兵士たちが食したのは、当時の一般的な携帯食からして、兵糧丸《ひょうろうがん》か干《ほ》し飯《いい》のようなものであったろうか。

兵糧丸とは、粉状にした玄米やひえ、あわ、蕎麦《そば》などの炭水化物に、豆類や魚粉といったタンパク質などを混ぜ、丸く固めたもので、味噌などを塗って食べたらしい。しかし、勝敗の行方を左右する戦中の食糧摂取法は、各武家の軍事機密（秘伝）でもあったため、正確なレシピなどはよく分からないのだそうだ。

さて、沓掛は京へ行く街道と西国へ向かう街道の分岐点である。信長の検分を受けるため、先に本能寺に向かうと説明はしたものの、疑念を抱いて信長方に内報する者が出ないとも限らない——そう懸念した光秀は、家臣の天野源右衛門《あまのげんえもん》を先発させ、不審な者を見つけたら、かまわず切り捨てよ、と命じた。実際、源右衛門は東寺の付近で、夜明け前から瓜の畑づくりをしていた、罪のない農民三十人ほどを追い回したうえ切り捨てている（『川角太閤記』）。

現在、国道九号線と並行して走る旧山陰街道の沓掛交差点の西側に大枝《おおえ》神社がある。同神社は、桓《かん》武《む》天皇の母・高野新笠《にいがさ》の出身氏族である大枝氏が創建したものとされ、古くから地域の氏神として、京の動静を見守ってきただろう。

沓掛という地名は全国いたるところにあり、古来旅人が神に草鞋《ぞうり》や馬の沓を捧げて、旅の無事を祈っ

西方から見る京都縦貫自動車道沓掛IC付近

たことに由来するという。京から西国へ向かう旅人は、大枝神社でも旅の安全を祈願したのかもしれない。しかし、この辺りで食事休憩を取った明智軍は、逆を向いて京へ突撃しようとしていたのである。同神社に沓を捧げるような余裕などなかったに違いない。

当地には、平成二十五年（二〇一三）に京都縦貫自動車道の沓掛インターチェンジが完成し、戦国時代と同様、沓掛は今も交通の分岐点として機能している。

■沓掛　京都府京都市西京区沓掛町
阪急桂駅（東口）から京阪京都交通バスで「国道沓掛」下車徒歩すぐ

第八十八場　桂川
～火縄に火を付け、渡渉開始する～
（京都府京都市西京区桂～右京区西京極）

沓掛で小休止を取ったあと出発した明智軍は、天正十年（一五八二）六月二日の午前二時頃、桂《かつら》川《がわ》に達した。ここで光秀は新たな命を出す。馬の沓をはずし、徒歩の足軽たちの足元を、足半《あしなか》という草履に履き替えさせ、そして、火縄銃《ひなわじゅう》の火縄に点火させたのだ。

馬の蹄鉄《ていてつ》が普及するのは明治以降のことで、戦国時代には馬の蹄《ひづめ》を保護するために、藁製《わらせい》の馬沓《うまぐつ》が用いられていた。なぜ蹄の保護が必要なのか。野生の馬と違って、家畜の馬は栄養が偏り、また単調な環境で飼われるため、蹄の頑丈な組織が発達しないのだそうだ。

ともあれ、光秀の命は臨戦態勢を意味するもので、多くの兵は何かただならぬことが起こりそうな予感を持ったに違いない。桂川は、丹波国桑田郡の西部に端を発し、周山、宇津、園部、八木、亀山を通り、保津峡を経て京都盆地に入る。

その後淀で、宇治川、木津川と合流して淀川となるのだが、正に光秀がこの数年にわたり、必死の思いで勝ち取ってきた丹波の領地を貫いて流れ、水運の動脈としての役割を果たす、極めて重要な河川だった。実際、古くから、山国地方で産する木材が筏に組まれ、京都へと運ばれていたのは、前述したとおりである。

ところで、沓掛から山陰街道を東に進めば、大体今の桂大橋辺りにたどり着く。そこから、五キロほど上流の嵐山には、平安時代の初め頃、すでに渡月橋《とげつきょう》が架けられていたが、本能寺の変の頃、桂

桂大橋右岸橋詰にある常夜塔

大橋付近に橋があったかどうかは、確認できないらしい。

　現在の桂大橋は、昭和三年（一九二八）に架けられたものだが、右岸橋詰に、弘化《こうか》三年（一八四六）と刻まれた立派な常夜塔が建っており、その頃には、橋らしきものが架けられていたのだろう。

　橋ができるまでは、渡し船の時代だったようだが、適宜土橋《どばし》がつくられていた可能性はあり、本能寺の変の際も、大軍が火縄銃に火を付けて渡ったということは、そうしたものを利用したのかもしれない。

　ともあれ、一万三千の兵が渡り終えるには、相当の時間を要したことであろう。光秀にとって、これまでに何度となく渡った桂川であったが、今回ほど緊張と不安に満ちた渡河《とか》は初めてだったに違いない。

西山を背景に滔々《とうとう》と流れる桂川の風景は、古今変わらぬ美しさだ。桂川西岸の山陰街道沿いに、八条宮家が桂離宮《かつらりきゅう》の造営に取り掛かるのは、本能寺の変から数十年のちのことである。

■桂大橋　京都府京都市西京区・右京区
ＪＲ京都駅から市バスで「桂大橋」下車徒歩すぐ

第八十九場　旧本能寺～早朝、ついに信長を討つ～（京都府京都市）

天正十年（一五八二）六月二日の未明に桂川を渡り終えると、光秀は全軍に向かって、これから本能寺の信長と妙覚寺の信忠を討つ旨の触れを出し、戦功を上げれば十分な手当てをするので、一生懸命の働きをせよと伝えた。「敵は本能寺にあり」（頼山陽《らいさんよう》の詩『本能寺』）の場面である。

洛西に達した明智軍は、七条通を東に進み、何隊かに分かれて北上し、下京の西端にあった本能寺を囲んだ。時刻は午前四時頃、空は白々と明け始めている。全軍が揃ったところで、光秀は一斉攻撃の命を下し、一万の大軍は鬨《とき》の声を上げ、城内に奇襲をかけた。

当時、信長が京の宿所としていた本能寺は、単なる寺院ではなく、堀や土塁、石垣などを備えた

旧本能寺跡を示す石碑

城塞《じょうさい》のような建造物だったといわれるが、一万の大軍の前には、やはり持ちこたえることは難しかった。本能寺内にいた信長の取り巻きは百人程度だったと考えられている。就寝中だった信長は、はじめ下々による喧嘩かと思ったらしい。

しかし、寝所に鉄砲が撃ち込まれるに及んで、謀反と気づく。小姓の森蘭丸に、光秀の軍勢だと聞かされて、信長は「是非《ぜひ》に及ばず」という有名な言葉を発したが、それまで何人もの盟友、家臣に裏切られてきた信長にしても、おそらく予想外の人物だったのではないか。

信長は自ら矢を射かけ、弦が切れると、今度は槍で戦った。しかし、敵の槍（銃とも）で肘《ひじ》にケガを負い、これ以上の防戦は難しいと判断したのだろう、そばに従っていた女たちに逃げるように命じ、建物に火をかけさせて、自らは奥の間に入り自刃したのだった。蘭丸はじめ多くの側近も討ち死にした。

本能寺は、応永二十二年（一四一五）に法華宗（日蓮宗）の僧・日隆《にちりゅう》によって創建され、当初は「本応寺」と表し、油小路高辻下るの辺りにあった。その後、たびたび移転し、本能寺の変の時には、東を西洞院大路、南を四条坊門小路、西を油小路、北を六角小路に囲まれるエリアを寺域としていた。

現在の本能寺にある信長公廟

信長が本能寺を本格的に京の宿所とするのは、本能寺の変の前年の天正九年からで、馬揃えの前後二十日ほど本能寺に逗留しているので、馬揃えの仕切り役だった光秀は、たびたび本能寺に信長を訪ねて、中の構造を熟知していたのかもしれない（頼山陽の『本能寺』には、「本能寺の溝（堀）の深さは幾尺なるぞ」というフレーズもあるが）。

本能寺の変の様子は、フロイスの『日本史』の中でも詳しく触れられている。本能寺の百数十メートル東には、イエズス会の寺院（教会）・南蛮寺《なんばんじ》があって、寺内にいた宣教師（フランシスコ・カリオンら）はこの騒動を間近に見ていたはずで、当時九州に滞在中だったフロイスは、執筆するに当たって、彼らから聞き取りをしたものと考えられている。

本能寺の跡は、今は住宅街となり、それを示す石碑が立つばかりである。秀吉によって、本能寺が寺町御池下るの現在地に移されるのは、本能寺の変の五年後、天正十五年（一五八七）のことだ。境内には、信長を祀る信長公廟のほか、本能寺の変戦没者合祀墓などが設けられている。

■旧本能寺跡　京都府京都市中京区小川通蛸薬師元本能寺町
阪急京都線大宮駅から徒歩六分
■本能寺　京都府京都市中京区 御池下ル
京都市営地下鉄東西線京都市役所前駅から徒歩すぐ

第九十場　二条御所～信長の嫡男・信忠も討つ～（京都府京都市）

天正十年（一五八二）六月二日午前八時頃、光秀は、信長が自害し本能寺に火の手が上がったのを確認すると、軍勢を率いて信忠の陣所である妙覚寺に向かった。妙覚寺は本能寺の北東五百メートルほどの所にあり、前年に信長が、京の宿所を妙覚寺から本能寺に変更して以降、信忠が宿所として使用するようになっていた。

しかし、その時信忠は妙覚寺にはいなかった。光秀の謀反を聞き、一旦本能寺へ向かった信忠は、すでに信長が自害したと知り、引き返して村井貞勝父子らと共に、妙覚寺の東隣の二条御所に籠ったのだ。それを知った光秀は、直ちに二条御所を攻撃するよう命を下す。

二条御所は、信長が京都の宿所として天正五年（一五七七）に築いた「二条殿御屋敷」を同七年（一五七九）十一月に誠仁《さねひと》親王へ進上したものであった。ちなみに、正親町《おおぎまち》天皇に譲位を迫っていた信長は、同親王の子を猶子《ゆうし》にし、いずれ、天皇家と外戚関係を結ぼうとしていたともいわれる。

明智軍が押し寄せた時、誠仁親王はまだ二条御所にいた。村井貞勝が親王に退去を勧めたが、親王は光秀に使者を送り、「自分はどうすべきか。切腹すべきか」と質した。それ

二条御所のあった京都国際マンガミュージアム付近

という。

に対し光秀は、「信忠が逃げ出すことのなきよう、馬や駕籠を使わず直ちに邸を出ること」と答えた

親王は二条御所を脱出する時、裸足であったが、それを見た里村紹巴が荷輿《になごし》を調達し、親王はそれに乗って内裏へ向かったとされる。

信忠らは勇敢に戦ったが、やはり多勢に無勢。明智軍の兵が二条御所に隣接する近衛前久（前関白）邸の屋根から鉄砲を撃ち込むにおよんで、信忠はついに進退窮まって自刃した（介錯《かいしゃく》する家臣に、自分の死体を二条御所の縁の板をはがして隠すように命じたという）。村井貞勝父子ら重臣の多くも討ち死にし、二条御所も妙覚寺ともども戦火により灰燼に帰した。

夕刻になって二条御所を見に訪れた公家の勧修寺晴豊は、敵味方の死骸や打首であふれんばかりの惨状だったと、日記（『日々記』）に記している。こうして、信長（享年四十九）・信忠（同二十六）父子の死により、光秀の謀反はひとまず成功したのであった。

ところで、二条御所で捕虜となった者の中に、信長が身近に置いていた黒人奴隷がいた。宣教師が信長に献上したとされ、名を弥助と言い、焼け落ちた本能寺を脱出し、二条御所に入って信忠の元で明智軍と戦っていたのだ。光秀の家臣が、この黒人奴隷の措置を光秀に問うと、光秀は処刑の必要はないとし、南蛮寺に置くよう命じている。

さて、二条御所は、北は押小路、東は烏丸小路、南は三条坊門小路、西は室町小路に囲まれていたとされ、現在の京都国際マンガミュージアムの辺りにあった。二条通には接していないのに、なぜ二条御所と呼ばれたかと言うと、そこに五摂家《ごせっけ》の公家・二条家の邸宅があったからだといわれる。二条

家当主の二条晴良がちょうど転居し、空き家となっていたところを、信長が二条殿御屋敷の建設地として譲り受けたようだ。

今は跡地を示す石碑が立つだけで、遺構は全く見られないが、「二条殿町」という地名が残り、ちなみに、マンガミュージアムの南にある交番の名称は、中京警察署「二条殿交番」だ。なお、近年の発掘調査で池や州浜《すはま》、庭石などの跡が発見されており、庭園に大きな池があったようで、のちに「御《お》池通《いけどおり》」の名の由来になったともいわれる。

一方、妙覚寺のほうは、天正十一年（一五八三）に秀吉の命によって移転され、京都市上京区上御霊前通小川東入下清蔵口町に現存する。

■二条御所（二条殿）跡　京都府京都市中京区烏丸通御池上ル
京都市営地下鉄烏丸線・東西線烏丸御池駅から徒歩すぐ

第十四幕　山崎の合戦
1582・6

第九十一場　瀬田橋
～焼き落とされて、安土入城を阻まれる～（滋賀県大津市）

天正十年（一五八二）六月二日午前、謀反の成功を確認した光秀は、直ちに落ち武者狩りを行うよう全軍に命じた。信長の遺体が発見できていないこともあり、京中の町家に押し入るほどの、徹底した捜索が実施されたようだ。

午後二時頃、光秀は信長の本拠・安土城を押えるため、京を出て近江方面に向かった。おそらくは、粟田口から山科を経由して大津に出たのだろう。ところが、瀬田《せた》まで来た時、不測の事態が起こる。瀬田城主・山岡景隆《かげたか》が、光秀の誘いを断り、あろうことか瀬田橋を焼き落としてしまったのだ。景隆は自らの城館にも火をかけ、甲賀郡の山中に逃走した。

景隆は、信長の上洛以降その配下となり、元亀四年（一五七三）の槇島城の戦いや、天正五年（一五七七）の雑賀攻め、同九年の伊賀攻めに従軍するなど、信長への忠誠心がひと際強かった。ちなみに、元亀四年に石山砦で光秀と戦った光浄院暹慶《せんけい》（山岡景友）は、彼の弟である。

景隆に瀬田橋を落とされたことにより、光秀の謀反後の戦略は、出鼻をくじかれる格好になった。

右岸下流から見た瀬田橋

一刻も早く安土城に入り、信長に代わる権力者となったことを天下に知らしめたかったが、その予定が狂ってしまったのだ。

　橋が無ければ一万の大軍を対岸へ渡すことはできない。元亀四年（一五七三）に足利義昭との戦いに備えて、信長がこしらえた大船は、もはやこれほどの船は不要であるとして、信長の命により解体されてしまっていた（『信長公記』）。仕方なく光秀は、瀬田から引き返し、夕刻に本拠である湖西の坂本城に入ったのだった。亀山城に向けて出発してから、一週間ぶりの帰城であったが、その間に光秀の立場は激変していた。

　光秀は早急に瀬田橋を復旧するよう家臣に命じていたが、同橋が完成するのは三日後の六月五日のことである。その間、光秀は京極高次らに長浜城（滋賀県長浜市）を、武田元明らに佐和山城（同彦根市）を攻めさせるなど、近江各地に派兵して、その大半を平定した。しかし、この後の秀吉の迅速な動きを考えると、安土に入るのが三日遅れたことは、光秀にとって致命的であったろう。

光秀は一方で、織田方の武将や、信長に敵対する勢力に向け、自分に味方するよう説得する書状を精力的に送ったが、後述するようにその反応は芳しいものではなかった。

さて、琵琶湖から流れ出る瀬田川にかかる瀬田橋は、「瀬田の唐橋《からはし》」とも呼ばれ、古来、京に通ずる東海道（中山道）の名所であった。また、「唐橋を制する者は天下を制す」の言葉が生まれるぐらい、京を守るための軍事上の要害でもあり、実際、壬申《じんしん》の乱、承久《じょうきゅう》の乱、建武《けんむ》の乱など歴史上、たびたび戦乱の舞台となった。

当地が交通の要衝であることは今も変わりなく、瀬田橋の北にはＪＲ東海道本線と国道一号線の、南には東海道新幹線と名神高速道路の橋梁が、それぞれ並行して架かっている。

瀬田橋は、大正十三年（一九二四）までは木造であったが、その後鉄筋コンクリート製となり、現在の橋梁は、昭和五十四年（一九七九）に完成したものである。なお、瀬田橋を焼き落とした景隆は、その後秀吉と敵対し、賤ケ岳の戦いで柴田勝家側に付いて敗れたため、所領を没収され、甲賀に隠棲したといわれる。

■瀬田橋　滋賀県大津市瀬田～唐橋町
京阪石山坂本線唐橋駅から徒歩五分

第九十二場　洞ヶ峠〜筒井順慶の到着を待ちわびる〜（京都府八幡市）

天正十年（一五八二）六月五日、瀬田橋が復旧すると、光秀は坂本城を出て、ようやく安土城に入ることが叶った。同城の留守役であった信長の家臣・蒲生賢秀《がもうかたひで》は、その二日前、城内に蓄えられていた財宝には手を付けず、信長の妻妾らを連れて、自らの居城である日野城《ひのじょう》（滋賀県日野町）に退去していた。

光秀はその財宝を、惜しげもなく家臣らに分け与えた。大仕事を成し終え、主従関係のさらなる強化を図る目的だったようだ。六月七日、勅使の命を受けた吉田兼見が安土城にやって来る。兼見は、朝廷として京都の経営を光秀に任せる旨を光秀に伝えたが、この時二人は「謀反の存分を雑談」したとされる（『兼見卿記別本』）。その内容は伝わっていないが、果たして光秀は、自らの動機を包み隠さず兼見に語ったのだろうか。

なお、中国にあった秀吉は、六日に毛利方と和睦し、備中高松を出発、翌七日には姫路城に入った。世に言う「中国大返し」である。秀吉は三日の夜には本能寺の変の情報を掴んでいたといわれる。これについての『別本川角太閤記』の説明が面白い。

同書によると、光秀が、秀吉と対峙する小早川隆景《こばやかわたかかげ》へ、協力を呼び掛けるため密使（藤田伝八郎）を遣わしたところ、その密使が、暗夜に間違って秀吉の陣中へ紛れ込んでしまい、捕えられて秀吉側に本能寺の変の勃発が露見したのだという。

光秀は八日、安土城を家老の明智秀満に任せて、坂本城に帰城し、九日に京都へ入り、朝廷に銀五百枚、五山と大徳寺へ百枚、兼見に五十枚を贈った。この夜、光秀は兼見や里村紹巴らと夕食を共にしているが、彼に気がかりなのは織田方の武将たちの動きだった。

最も頼りにしていたのは、与力であり親戚でもある細川藤孝・忠興父子であったが、彼らは信長の死を悼んで髻を切り、忠興の正室で光秀の娘・玉を丹後の味土野に幽閉してしまう。

前述した、光秀が藤孝父子に宛てた「『不慮の儀』を決行したのは、忠興らを取り立てたいためであったこと。五十から百日の間に近国を平定したうえは、忠興や十五郎（光秀の嫡男か）に跡を任せ、自分は引退する」という趣旨の書状は、九日に出されたものだ。何とか二人に翻意してもらいたいという、切実さと弱気が滲んでいる。

次に光秀が頼りにしたのは、同じく組下の筒井順慶であったろう。順慶は本能寺の変のあと、一旦は光秀に与する態度を示したが、九日に河内へ

だらだらとした坂の続く現在の洞ヶ峠付近

出陣する約束を守らず、むしろ居城の郡山城（奈良県大和郡山市）に籠城する構えを見せたのである。

六月十日、光秀は山城国と河内国の国境にある洞ヶ峠《ほらがとうげ》まで出陣し、順慶の軍勢の到着をひたすら待った。さらには、家臣の藤田伝吾を派遣して、出陣を要請するが、順慶の態度は変わらなかった。実はこの時点で、順慶はすでに秀吉へ味方に付く旨の書状を送っていたのだ。

洞ヶ峠で順慶が秀吉に付くか、光秀に付くか見極めようとしたとして、「洞ヶ峠の日和見《ひよりみ》」「日和見順慶」などと言われるが、実際には光秀のほうが、洞ヶ峠で順慶の到着を待ちわびたのである。

洞ヶ峠は、京都府八幡市と大阪府枚方市の境にある、なだらかな峠である。現在は、車の往来の激しい国道一号線・枚方バイパス（京阪国道）が通っており、光秀と順慶の心理戦を偲ぶことはもはや難しい。

■洞ヶ峠　京都府八幡市八幡南山
京阪本線石清水八幡宮駅から徒歩六十分

第九十三場　淀古城～秀吉との決戦に備える～（京都府京都市）

天正十年（一五八二）六月十一日、前日から洞ヶ峠で筒井順慶を待っていた光秀は、もはや順慶は

淀川の流れる淀古城跡の風景

来ないことを悟り、仕方なく下鳥羽の本陣に戻った。そして、家臣らに淀城の普請を命じている。
すでに秀吉軍の東上を知っていたに違いない光秀にとって、細川父子と順慶の不参は極めて落胆すべき事態であったろう。秀吉の大軍と対するには、籠城戦しかない——淀城普請の命はその戦略から発せられたといわれる。
ところで、淀城は山城国の守護・畠山政《まさ》長《なが》が十五世紀末に築いたとされ、江戸時代になって初代淀藩主・松平定綱《さだつな》が築いた淀城（京都市伏見区淀本町）と区別するため、現在は「淀古城」と呼ばれている。淀古城は、当時の桂川・宇治川・木津川の三川が合流する地点の北岸につくられ、交通の要衝でもあったので、たびたび戦いの舞台になった。

元亀四年（一五七三）に、足利義昭と信長の軍勢がぶつかった時も、義昭に付いた三好三人衆の一人・岩成友通がこの城に籠っている。七月十八日に義昭が籠城していた槇島城から追放されると、羽柴秀吉、細川藤孝を中心とする織田軍は、淀古城を包囲した。

友通は無謀を承知で城を出て奮戦するが、最後は藤孝の家臣・下津《しもづ》権内《ごんない》に首を取られてしまう。友通の首は、近江高島で木戸・田中両城を攻撃中だった信長の元に届けられ、信長は下津に対し、比類ない大手柄と称賛して、自分の着ていた胴衣を与えたといわれる（『信長公記』）。

この戦いの帰趨《きすう》を光秀は、当然知っていたはずである。自らの運命を友通と重ねることはなかったろうか。

ところで、山崎の合戦の七年後の天正十七年（一五八九）三月、天下人となっていた秀吉は、身重の側室・茶々のために淀古城を改修し、彼女に与えている。茶々が後年、淀殿《よどどの》と呼ばれるようになった所以である。

茶々が産んだ鶴松《つるまつ》は幼くして死去したため、秀吉は甥の豊臣秀《ひで》次《つぐ》を跡取りとするが、茶々が第二子・秀頼《ひでより》を産むと秀次を疎んじ、文禄四年（一五九五）、秀次を高野山で切腹させた。この時、淀古城の城主だった木村重茲《しげこれ》は、秀次を擁護したため、連座の罪で自害させられ、淀古城も廃城となった。ちなみに大坂の陣で、真

妙教寺

田信繁《のぶしげ》（幸村《ゆきむら》）らと共に徳川の大軍を翻弄した木村重成《しげなり》は、重茲の息子である。

現在、淀古城の遺構は残っておらず、寛永年間（一六二四～一六四五）に創建された妙教寺《みょうきょうじ》の境内に、淀古城跡を示す石碑が立つばかりだ。

■淀古城址　京都府京都市伏見区納所北城堀
京阪本線淀駅から徒歩十分

第九十四場　山崎合戦古戦場～秀吉の大軍を迎え撃つ～（京都府大山崎町）

六月九日に姫路を出発した秀吉は、家臣を淡路島に差し向けて洲本《すもと》城を落とし、十一日には尼崎に着いた。そこから、大坂にいた織田信孝・丹羽長秀に使者を出し、明智討伐への参陣を呼び掛けた。秀吉は、池田恒興や中川清秀、高山右近（重友）といった摂津衆にも勧誘の書状を送っている。

光秀の組下であった彼らを、秀吉は切り崩しにかかったのだ。清秀に出した書状には、「信長殿は無事である」という偽《にせ》情報まで流している。光秀も、キリシタンである右近に宣教師のオルガンチノを通じて説得に努めた。しかし、彼らは光秀にはなびかず、秀吉側に付いたのであった。

六月十二日、秀吉は尼崎を出て、摂津富田《せっつとんだ》（大阪府高槻市）に進み、そこで信孝・長秀の到着を待っ

高架下にある山崎合戦古戦場碑

た。その間、清秀・右近の部隊を西国街道沿いに山崎方面へ進ませた。光秀も、天王山《てんのうざん》と淀川に挟まれた隘路《あいろ》である山崎で、秀吉軍を迎え撃とうと考え、下鳥羽から御坊塚へ本陣を移した。同日中に山崎周辺で両軍兵による小競り合いが起こっている。

『太閤記』には、右近が戦功を一人占めしようと、山崎の西の入り口である西黒門（大阪府島本町）から街に入るなり、わざと門を閉めた。そのため、後続の池田恒興は東総構の外を迂回して進まねばならなかったという。

また、フロイスの『日本史』では、東の入り口である東黒門（京都府大山崎町）を明智軍の先発部隊が叩き始めたため、耐えきれなくなった右近の軍勢が、門を開いて明智軍に突入したとしている。いずれにしろ、皮肉にも光秀の配下であった清秀や右近、恒興が、秀吉軍の先鋒を務めることになったのである。

翌十三日は朝から雨だった。この日は現在の暦にすると、七月二日に当たり、正に梅雨の真っ最中であった。正午頃、信孝が摂津富田に到着。信長の息子を擁することで、秀吉の光秀討伐の大義名分が整った。

信孝、長秀と合流した秀吉軍は山崎に向け出陣。秀吉の本陣は、天王山中腹の宝積寺《ほうしゃくじ》に置かれた。午後四時頃、山崎で鉄砲の轟音が響き渡り、先端が開かれた。両軍の勢力は光秀側が一万六千、

境野一号墳

恵解山古墳

対する秀吉側は、秀吉本隊が二万、それに織田信孝四千、丹羽長秀三千、池田恒興五千、中川清秀二千五百、高山重友二千が加わり、全体で四万近くに及んだ（池田・中川・高山の摂津衆が光秀方に付いていれば、双方の勢力は拮抗《きっこう》していたことになる）。

『兼見卿記』には、銃の音が長時間聞こえたとあり、銃声は遠く吉田山にまで響いたようだ。それほど激しい戦闘が展開されたのだろう。主戦場となったのは、天王山麓の円明寺《えんみょうじ》川（小泉《こいずみ》川）沿いの一帯であり、現在、京都縦貫道の高架下に「天下分け目の天王山　山崎合戦古戦場」と書かれた碑が立つ。

ところで、光秀の本陣とした御坊塚は、どこにあったのか。その名から古墳を利用したものであったと想定され、恵解山《いげのやま》古墳（京都府長岡京市）と、境野《さかいの》一号墳（京都府大山崎町）が候補に挙がっているようだ（前者付近には今も当時の銃弾の跡が残されている）。

■山崎合戦古戦場　京都府乙訓郡大山崎町円明寺松田
阪急京都線西山天王山駅から徒歩十五分
■恵解山古墳　京都府長岡京市勝竜寺三十
同十五分
■境野一号墳　京都府乙訓郡大山崎町字下植野宮脇一・一〇七
同二十分

第九十五場　勝竜寺城～大敗して籠城、そして暮夜脱出～（京都府長岡京市）

数の上で圧倒的に劣る光秀軍は、当初こそよく奮戦したが、最前線にいた斉藤利三の部隊三千が、小泉川を渡河してきた池田恒興らの軍の包囲を受け、やがて敗走を余儀なくされる。また、旧幕臣の伊勢貞興《さだおき》らが戦死するに及んで、勝敗の帰趨《きすう》は明らかになった。もともと、光秀は調略を駆使した城攻めこそ得意だったが、野戦の経験は乏しく、その戦略においては、秀吉のほうが一枚も二枚も上だったようだ。光秀側の戦死者は数千人に達したという。

これ以上の戦闘は困難と見た光秀は、北方一キロにある勝竜寺城へと退いた。本能寺の変の直後、光秀は西国の抑えとして、家老の溝尾庄兵衛尉《しょうべえのじょう》を勝竜寺《しょうりゅうじ》城に入れていた。しかし、今の態勢では、もはや籠城戦を行うことは不可能だった。十三日夜、光秀は暗くなるのを待って、溝尾ら僅かな家臣と共に城を脱出した。

勝竜寺城は、平安時代に創建された勝竜寺を、応仁の乱の際、西軍の畠山義就《よしひろ》が軍事拠点とするため、城郭に改めたのが始まりとされる。信長、義昭と共に光秀が上洛した永禄十一年（一五六八）には、信長に対抗する三好三人衆の岩成友通がこの城を守っていた。信長は上洛後すぐに勝

竜寺城の攻撃を開始、友通は抵抗するものの、ほどなく降伏した。

友通は翌年には義昭のいる本圀寺攻めに加わっているが、その後、義昭の信長包囲網に呼応し、元亀四年（一五七三）に淀古城で織田軍に抵抗したことは、前述したとおりである。

さて、友通の後、勝竜寺城の城主となったのは、細川藤孝だった。元亀二年（一五七一）、藤孝は信長から山城国西部を与えられ、本拠とした勝竜寺城を、二重の堀を持つ堅牢な城郭に改修したといわれる。そして天正六年（一五七八）には、光秀の娘・玉（細川ガラシャ）と藤孝の嫡男・忠興が、この城において祝言を上げている。勝竜寺城は、光秀にとって思い出深い城でもあったのだ。

がしかし、子ども同士の婚姻により、強い縁戚関係を結んだ光秀と藤孝であったが、それは山崎の合戦には全く生かされなかった。娘の晴れ姿に目を細めたと同じ場所で、光秀は自らの武運がもはや長くないことを感じ始めていただろう。

現在、城址は勝竜寺公園として整備され、模擬櫓・塀や忠興・ガラシャ像がつくられているほか、北東の神足《こうたり》神社境内には空堀や土塁などの遺構が見られる。

■勝竜寺公園　京都府長岡京市勝竜寺十三・一
ＪＲ東海道本線長岡京駅から徒歩十分

勝竜寺公園として整備された勝竜寺城址

第九十六場　小栗栖～近江を目指すも、土民に討たれる～（京都府京都市）

勝竜寺城を脱出した光秀らは、坂本城か安土城を目指したようだ。そこで再起を図ろうとしたのかもしれない（山崎の合戦が行われた時点で、坂本城に八百余騎、安土城には五百余騎、亀山城にも五百余騎が待機していたという）。しかし、下鳥羽から桃山の北を通って、小栗栖《おぐるす》に至ったところで、落ち武者狩りの土民に襲われる。

光秀は土民の竹槍で深手を負い、もはやこれまでと、後事を溝尾庄兵衛尉に託し、彼の介錯で切腹した。溝尾は光秀の首を鞍覆《くらおおい》に包んで藪の溝に隠し、坂本へ走ったといわれる（自害したとも）。

山崎での明智軍の敗北を知った明智秀満は、安土城を出て坂本城に入り、籠城した。その途中、大津で秀吉軍の先鋒・堀秀政《ほりひでまさ》と出くわし、騎乗したまま琵琶湖を渡って坂本に向かったという伝承がある。世にいう「秀満の湖水渡り」だ。

秀吉軍は、十三日中に高山右近・中川清秀らが亀山城を落とし、堀秀政らが秀満の籠る坂本城を攻撃したのは翌十四日だった。秀満はよく防戦するが、やがて力尽き、天守に火を付けると、光秀の妻子（光秀には熙子の死後、継室がいたのかもしれない）と自分の妻（光秀の娘）を殺し、自らも自刃したのであった。

秀満は落城前、城内に収められていた財宝類が失われるのを惜しんで、それらを夜具に包み、目録を添えて天守閣から下へ落とした。目録を見た秀政が、その中に吉広江《よしひろえ》の脇差が無いのを問うと、秀満は、

本経寺の墓地越しに見る「明智藪」

「これは、日向守（光秀）秘蔵のもの。私が腰に差し、死出の山で日向守にお渡し申す」と答えたという（『川角太閤記』）。

光秀が勝竜寺城から近江へ逃走したルートは、ちょうど今の名神高速道路をなぞるような形ではなかったかと思われる。ただ、彼は主要な街道は通らずに、田んぼの畔や藪の中を進んだことだろう。ひとえに落ち武者狩りの目を避けるためだったが、それでも光秀は、その被害から逃れることができなかった。

戦国時代、敗残の兵（特に武将クラス）にとって、武装した土民らによる落ち武者狩りほど恐ろしいものはなかったのではないか。勇猛な戦国武将を虎や龍に例えるなら、落ち武者狩りの土民らは、さしずめハイエナに相当したかもしれない。

当時は自力救済の考えの元、落ち武者狩りは、半ば合法的に行われていたようだ。土地を荒らされ、家族を殺された恨みを晴らす意味もあったろうし、勝った側から懸賞金が出る場合などは、貴重な収入源にもなったろう。

だから、その執念はすさまじく、本能寺の変勃発の際、少人数で堺にいた家康が、険しい伊賀越えと海路をつないで三河にかろうじて辿り着いたのも、「金ヶ崎の退き口」において、信長が山深い朽木を越え、命からがら京へ逃げ帰ったのも、落ち武者狩りを恐れたからに他ならない。この残忍極まる慣行は、秀吉が天下を統一し、刀狩《かたながが》りなど武器所有禁止の政策を打ち出すまで、各地で続けられたようである。

ともあれ、光秀の起こしたクーデターは、わずか十三日で終わりを告げた。光秀が小栗栖で命を落としてから二週間後、明智軍の残党を一掃した秀吉は、織田家重臣、柴田勝家・丹羽長秀・池田恒興と清須で会議を行い、自らが推したまだ三歳の三法師（信忠の嫡男）を織田家の後継者とすることに成功して、天下取りに向けて大きく一歩を進めることになる。

さて、小栗栖は今でも丘陵部に竹藪が多く見られ、光秀終焉《しゅうえん》の地とされる場所も竹藪の中にあって、「明智藪」の石碑が立つ。また、隣接する本経寺《ほんきょうじ》の境内には、光秀の供養塔が設けられている。

■小栗栖　京都府京都市伏見区小栗栖小坂町
京都市営地下鉄東西線醍醐駅から徒歩十五分

第十五幕　慰霊　1582・6〜

第九十七場　首塚〜非業の死を憐れんで供養される〜（京都府京都市）

溝尾庄兵衛尉によって小栗栖の藪の中に埋められた光秀の首は、農民によってすぐに探し出され、三井寺に陣取る秀吉の元に届けられた。一方、捕らわれの身となった斉藤利三は六条河原で斬首され、光秀、利三ほか明智方の梟首《きょうしゅ》が、謀反の地である本能寺に晒された。その数は三千にも及んだという（『兼見卿記』）。

敗死した光秀に対して、世間の目は冷たかった。吉田兼見の日記によると、京中で「天罰が下った」と風聞されたようだ。奈良の僧侶は「大恩を忘れ、曲事を致し、天命かくのごとし」と説き、山科言経は「言語道断の体たらくなり」と日記に書いている。

さて、光秀の首は胴と金具でつながれて、粟田口に晒《さら》されたとも伝えられる（『川角太閤記』）。京の七口の一つで、江戸時代には東海道・中山道の京の出入り口となる粟田口は、それだけ「見せしめ効果」が大きかったのだろう。

一方で、人知れずその死を悼む人も少なくなかったようだ。光秀の首は、はじめ粟田口黒谷通の東に埋められたが、明和《めいわ》八年（一七七一）に、明田理右衛門《あけたりえもん》という、光秀の子孫と名乗る人物が自宅に持ち帰り、その後明治になって、三条白川橋の南に移されと伝わる。現在その地に、光秀の首塚（明智明神）として、彼を祀る祠と墓石が立つ。

光秀の首塚（明智明神）

光秀の首塚には他にも伝承地がある。京都府亀岡市猪倉の谷性寺《こくしょうじ》もその一つだ。平安時代に創建された、不動明王を本尊とする古刹《こさつ》で、不動明王を崇拝した光秀は、領地内にあるこの寺と深いかかわりを持ち、信長討伐を決意した時、「一殺多生の剣を授け給え」と願をかけたところ、本懐《ほんかい》を遂げることができたという。

また、小栗栖で光秀の介錯をした溝尾庄兵衛尉は、光秀の首を鞍覆に包んで、谷性寺の不動明王の近くに葬るよう家来に託したとも伝わる。同寺の首塚は、安政《あんせい》二年（一八五五）に幕末の志士が寄進したものとされ、ある意味反朝廷的だった信長を討ち取った、光秀の勇気ある行動が、三百年後の志ある若者の心を捉えたのだろう。現在、谷性寺は「光秀寺」とも呼ばれ、明智氏の家紋である桔《き》梗《きょう》

谷性寺の光秀首塚

盛林寺の光秀首塚

の花が植えられ、夏から秋にかけて咲き誇ることから、「桔梗寺」の別称もある。

もう一つ、京都府宮津市喜多の盛林寺《せいりんじ》にある首塚は、光秀が死んで四日後の六月十七日、斉藤光三という少年によって、光秀の三女・玉のいる大久保山城《おおくぼやま》（宮津城の出城）に届けられた光秀の首が、同寺に葬られたものと伝える。境内には、「天正十年六月十三日條鉄光秀居士」と刻まれた首塚墓塔が立ち、寺内には光秀の位牌「前日洲条哲光秀居士」もあるそうだ。

■光秀首塚　京都府京都市東山区梅宮町四七四・三
京都市営地下鉄東西線東山駅から徒歩四分
■谷性寺　京都府亀岡市宮前町猪倉土山三九
JR嵯峨野線亀岡駅から京阪京都交通バスで「猪倉」下車、徒歩五分
■盛林寺　京都府宮津市喜多六九六
京都丹後鉄道宮福線喜多駅から徒歩十分

第九十八場　胴塚～首とは別に葬られる～（京都府京都市）

光秀の遺体は、首と胴を繋がれて粟田口で晒されたというが、介錯された首と胴をつなげて晒すよ

光秀の胴塚

うなことが、当時一般的に行われていたのかよく分からない。そもそも、光秀の場合、胴がなぜ存在したのだろうか。

三井寺で首実検をした秀吉が、光秀の首を確認して、届けた農民に直ちにその場所に戻って胴を探せと指示したのか。あるいは、光秀の首は鞍覆《くらおおい》に包まれていたので、ただ者ではないと判断した農民が、近くに転がる胴を一緒に持ち込んだのか（フロイスの『日本史』では、光秀の首と胴は一緒に本能寺へ運ばれたとしているが）。

ともあれ、光秀の首は首塚に葬られたが、胴のほうも胴塚《どうづか》をつくって葬られたようだ。しかし、調べてみると、日本史上、胴塚自体は決して珍しいものではない。例を挙げると、平将門《まさかど》、平忠度《ただのり》、源義経、新田義貞、太田道灌《どうかん》、今川義元、滝川一益、清水宗治《むねはる》、山中鹿介など枚挙に暇がないくらいだ（室井康成著『首塚・胴塚・千人塚』）。胴塚以外にも腕塚（平忠度）や足塚（大村益次郎《ますじろう》）というのもあって、一旦切り離された体の部分は、それぞれに供養すべきという、先人の信仰心というか畏怖心の表れだったのだろう。

現在、明智藪の北一・五キロほどの小栗栖街道沿いに、光秀の胴塚と伝わる石碑が立つ。当初の胴塚は別の場所にあったが、周囲の開発が進み、昭和四十五年（一九七〇）に現在地に移されたようだ。やはり、非業《ひごう》の死を遂げた人物を安易に扱ってはならない、という日本人の心情は、時を超えて生き続けているのだろう。

ところで、なぜ胴塚が晒された粟田口付近でなく、殺された小栗栖の近くにあるのか、疑念がわく。晒された胴は光秀本人のものではなかったのではないかと。

■胴塚　京都府京都市山科区勧修寺御所内町
京都市営地下鉄東西線小野駅から徒歩十分

第九十九場　西教寺～供養塔と墓のある近江の古刹～（滋賀県大津市）

光秀の墓所とされる所は、中洞白山神社（岐阜県山県市）や高野山（和歌山県高野町）など全国に複数あるが、なかでも有名なのが西教寺《さいきょうじ》である。

近江国坂本にある西教寺は、比叡山の焼き討ちにより、大きな被害を受けた。その後、光秀は近くに坂本城を築いたこともあり、この寺と深く関係を持つようになる。自分が焼き払ったうしろめたさからか、大本坊（庫《く》裡《り》）を再建するなど同寺の復興に尽力し（大本坊の屋根裏からは「天正年中明智公所造古木」の銘が入った古材が発見されている）、また、元亀四年（一五七三）の今堅田城の戦いでは、戦死した十八名の家臣のため、供養米を寄進したこともあった。

西教寺は天台真盛宗《てんだいしんせいしゅう》の総本山で、元は飛鳥時代に聖徳太子が、仏法の師である渡来僧の慧慈《えじ》・慧聡《えそう》のために創建したとの伝承もある。文明十八年（一四八六）に、比叡山で修業していた伊勢生まれの僧・真盛《しんせい》が入って以

西教寺の境内にある明智光秀一族の墓

降、念仏と戒律の道場として栄えた。西教寺の本尊、阿弥陀如来像は重要文化財に指定されているが、比叡山の焼き討ちでそれまでの本尊が焼失したため、他寺から移されたものとされる。

さて、西教寺の本堂横には、光秀の供養塔と一族の墓があり（妻・熙子のささやかな墓もある）、同寺の過去帳には「初代坂本城主　征夷大将軍明智日向守十兵衛光秀公　天正十年六月十四日寂　享年五五　秀岳宗光大禅定門」という記帳が残されている。

この墓については、天正十年（一五八二）六月十三日に山崎の合戦で光秀が敗れ、翌日、坂本城の落城とともに光秀の係累《けいるい》の多くが命を落とすと、熙子の父（伯父とも）で光秀の家臣・妻木広忠が、同月十八日に西教寺で一族の墓をつくり、その後、墓の前で自刃したと伝わる。光秀の与力でもあった広忠は、坂本と琵琶湖を望める西教寺こそ、光秀とその一族が永眠するにふさわしい場所と考えたのだろう。

なお、坂本城の城門の一つが西教寺に移築されたと伝えられ、同寺の総門がそうだともいわれる。自らの居城の痕跡が同寺に残されたのだとしたら、泉下《せんか》の光秀も満足だったのではないか。

光秀の死から十六年後の慶長三年（一五九八）、大谷吉嗣《よしつぐ》の母らの寄進により、地震で倒壊した伏見城の遺構を使った客殿が西教寺内に完成（重要文化財）している。その二年後には、後陽成《ごようぜい》天皇の綸旨《りんじ》により、西教寺は荒廃していた京都岡崎の法勝寺《ほっしょうじ》と合併した。

西教寺では、毎年光秀の命日である六月十四日に「光秀忌」として、光秀と一族、諸将らを弔う追《つい》善法要《ぜんほうよう》が行われている。

■西教寺　滋賀県大津市坂本五丁目一三番一号
京阪石山坂本線坂本駅から徒歩二十五分

第百場　明智風呂～菩提を弔うため、光秀の叔父？が建立～（京都府京都市）

臨済宗妙心寺派の大本山妙心寺に「明智風呂」という蒸し風呂がある。天正十五年（一五八七）に、妙心寺塔頭《たっちゅう》・大嶺院（廃寺）の住持で、光秀の母方の叔父ともいわれる密宗《みっそう》和尚が、光秀の菩提を弔うため、創建したとされる。

妙心寺史には、「明智日向守光秀、法名明叟玄智、天正十一年（一五八三）六月十四日死」とあり、山崎の合戦後妙心寺に潜伏し、一年後に死亡したとしている。また、同合戦のあと、光秀が妙心寺に姿を現し、その後和泉に向かったという伝承もあるようだ（『和泉伝承誌』）。

いわゆる光秀生存説だが、他にも前述した岐阜県山県市に伝わるものや、家康のブレーンとして活躍した天台宗の僧、天海《てんかい》と光秀が同一人物とする突拍子も無いものもある。それだけ、尋常ではない死に方で、人々の注目を集めた人物だったということだろう。源義経、真田幸村、石田三成、西郷隆盛など、歴史上非業の死を遂げた英雄には生存伝説が少なくないが、光秀もその一人なのだ。

ところで、光秀の菩提を弔うのになぜ蒸し風呂なのか、という点については、よく分からないらしい。

妙心寺にある明智風呂

ただ、ここで思い起こされるのは、元亀元年（一五七〇）の志賀の陣で、将軍山城に籠城していた光秀が、吉田神社の吉田兼見を訪ねて、石風呂に入れてもらっている事実である。明智風呂も吉田神社の石風呂も、現在のように湯船につかるような形式ではなく、蒸気を浴びるサウナ式という点で共通している。光秀は、ひょっとしてサウナの愛好家だったのかもしれない。

　妙心寺は花園《はなぞの》天皇を開基に、関山慧《かんざんえ》玄《げん》を開山として、暦応《りゃくおう》五年（一三四二）に創建された。禅宗（臨済宗）の寺院として、戦国時代には有力武将の援護を受けて繁栄し、現在のような広い寺域と多くの塔頭を持つようになった。

　光秀の第一の家臣・斎藤利三の墓所も、同寺の塔頭・智勝《ちしょう》院にあり、大《だい》通《つう》院には山内一豊の、寿聖《じゅしょう》院には石田三成一族の、玉鳳《ぎょくほう》院には信長及び滝川一益の墓がある。また、戦国を生きた女性にゆかりのある塔頭もあり、麟祥《りんしょう》院は開基が春日局であり、雑華《ざっか》院には信長の娘で、秀吉の側室になった三の丸殿の肖像画が所蔵されている。

面白いのは、江戸時代になってからの寛永八年（一六三一）六月十三日、妙心寺塔頭の玄琳《げんりん》という僧が、「父光秀」の五十回記忌の追善供養のため、『明智系図』（『続群書類従』巻第百二十八に収録）を作成していることだ。玄琳は光秀の息子を自称しているわけだが、系図の登場人物も含めて、信憑性には乏しいらしい。

■妙心寺　明智風呂　京都府京都市右京区花園妙心寺町
JR嵯峨野線花園駅から徒歩五分

第百一場　御霊神社～善政を偲んで祀られる～（京都府福知山市）

宝永二年（一七〇五）、福知山城主・朽木《くつき》植昌《たねまさ》は、宇賀御霊大神に光秀を合祀することを許可し、御霊《ごりょう》神社が誕生した。福知山の命名者であり、福知山城を築城し、当地に善政を敷いた光秀を顕彰するためであった。当初は福知山城下の大榎《おおえのき》の下にあったとされるが、大正七年（一九一八）に現

光秀を祀る御霊神社

在地に移された。

　光秀は丹波国を平定すると、水害防止のため（由良川は福知山盆地に入って勾配が緩くなり、福知山は古来、洪水・氾濫の常襲地だった）、由良川に堤防（明智藪）を築き、また、本能寺の変で天下を掌握したあとには、福知山の城下町整備のため地子銭（宅地税）を免除するなどして、人々の信頼を集めたとされる。

　全国各地にある「御霊神社」は、冤罪《えんざい》によって非業の死を遂げた人物を祀っているのがふつうだから、福知山の人々は、光秀を犯罪人とは見ていなかったということだろう。死して百二十年、光秀は再び丹波の地で光を浴びることになったのである。

　同神社には、光秀が残した書状二点と、軍法一巻が保管されており、福知山市指定の有形文化財になっている。書状の一つは、丹波国和知の片山兵内・出野左衛門助宛てに出されたもので、破城の命に背き、和知に逃げ込んだ和久左衛門大夫《わくさえもんだゆう》を捕えるよう命じている。

今一つは、近江の奥村源内に宛てたもので、摂津の三田城から丹波の八上城への転戦の状況を伝えている。軍法とは、「明智光秀家中軍法」と呼ばれ、明智軍の軍役基準等を定め、結びで信長への感謝を述べていることで有名なものだ（いずれも前述）。これらの文書は、光秀を祀る神社ということから、御霊神社に奉納されたものと考えられている。

さて、毎年十月、御霊神社では例大祭に併せて「丹波光秀ききょうまつり」が開催され、神社前の公園や広小路通には露店が並び、様々なイベントも行われて、多くの市民に親しまれている。また、お盆には、広小路通に福知山音頭の踊りの輪が二重三重にでき、大いに賑わう。

福知山音頭は、四百年の歴史を持ち、光秀が福知山城を築城した際、領民たちが石材や木材を運ぶ時に「ドッコイセ、ドッコイセ」と手を振り、足を振りして歌い出したのが、始まりとされる。「福知山出て　長田野越えて　駒を早めて亀山へ」の歌詞は、福知山城の城代・明智秀満が、亀山城の光秀の元へ使者を遣わした情景を表現しているという。

四百年以上の時を経て、自分の名がこれほど人々にもてはやされているのを見て、地下の光秀は、おそらく（その性格からして？）面映《おもは》ゆく感じているのではあるまいか。

■御霊神社　京都府福知山市西中ノ町二三八
ＪＲ山陰本線・福知山線福知山駅から徒歩十分

関連年表

享禄元年（1528）	明智光秀、この頃美濃国に生まれたとされる
弘治2年（1556）	斉藤氏に攻められ明智城落城（9月）。光秀、越前へ逃れたとされる
永禄6年（1563）	光秀の三女・玉（のちの細川ガラシャ）生まれる
永禄10年（1567）	足利義昭、朝倉氏の越前一乗谷に入る（11月）
永禄11年（1568）	光秀、織田信長と義昭との間を仲介（7月） 信長と共に義昭を奉じて京都に入る（9月） 義昭、室町幕府15代将軍に就任する（10月）
永禄12年（1569）	三好三人衆が本圀寺の義昭を襲撃、光秀これを防ぐ（1月） 信長、義昭のために旧二条城を造営する（2〜4月） 光秀、この頃から京都の政治に関与する（4月〜）
永禄13年／元亀元年（1570）	義昭と信長の関係悪化。光秀、朝山日乗と共に間を仲介する（1月） 光秀、飛鳥井邸に公家衆を集め、知行地一覧を提出させる（3月） 信長の朝倉義景討伐に従う（金ケ崎城の戦い／4月） 信長、浅井・朝倉連合軍を近江姉川に破る（6月） 光秀、信長の摂津出陣に従う（野田・福島城の戦い／8月） 信長の近江出陣に従う（志賀の陣／9月） 将軍山城に布陣する（9〜11月）

元亀2年（1571）	光秀、宇佐山城の城主となる（1月） 信長の比叡山延暦寺攻めに従う（9月） 高槻城で調停を行う（9月） 志賀郡を与えられ、坂本城の築城に着手（12月）
元亀3年（1572）	光秀、信長に従い、木戸・田中両城を攻める（3月） 柴田勝家らと河内に出陣、交野城を救う（4月） 信長の浅井氏攻めに従い、竹生島などを攻める（7月）
元亀4年／天正元年（1573）	信長と義昭が対立。光秀、義昭方の石山砦、今堅田城を攻める（2月） 信長に従い、義昭に圧力をかけるため、上京焼き打ちを行う（4月） 信長に従い、義昭を槇島城に攻める（7月） 信長、木戸・田中両城を陥れ、これを光秀に与える（7月） 光秀、義昭方の山本対馬守の籠る静原城を攻撃する（7月〜） 信長、朝倉氏を亡ぼす（8月） 光秀、滝川一益らと越前の政治に関係する（9月）
天正2年（1574）	光秀、大和多聞山城に入り、行政処理を行う（1月） 信長に従い、東美濃に出陣する（2月） 佐久間信盛らと河内に入り、飯盛城下で本願寺衆徒らを破る（9月）
天正3年（1575）	光秀、前年に続き、河内高屋城に三好康長らを攻める（4月） 丹波の経略に着手する（6月）

天正３年（１５７５）	朝廷から惟任日向守に任じられる（７月） 信長の越前出陣に従い、一向宗門徒を攻める。次いで秀吉らと加賀に入る（８月） 赤井直正に攻略された竹田城救援のため出陣（11月）
天正４年（１５７６）	光秀、黒井城に籠った赤井直正を攻めるが、波多野秀治の謀反により敗れ、坂本に帰る（１月） 信長、近江に安土城を築く（２月） 光秀、信長の石山本願寺攻めに従軍し、天王寺砦に布陣するが（４月）、病気を発症し帰京療養する（５月～） 光秀妻・熙子病没する（11月）
天正５年（１５７７）	光秀、信長に従い紀伊の雑賀城を攻める（２～３月） 細川藤孝らと大和片岡城に松永久秀の党を攻める（10月） 大和信貴山城に久秀を攻め、これを滅ぼす（10月） 内藤氏の亀山城を攻略する（10月） 籾井城を攻略する（11月）
天正６年（１５７８）	光秀、波多野秀治を八上城に攻める（３月） 荒木氏綱の城（園部城）を攻める（４月） 羽柴秀吉が攻める播磨上月城に加勢する（４月） 余部城を攻め落とす（６月）

	織田信忠に従い、播磨神吉城、志方城を攻め陥れる（7月） 光秀娘・玉、細川忠興に嫁す（8月） 信長に謀反した荒木村重の有岡城を攻める（11月） （村重の嫡子・村次に嫁していた光秀の娘は離別され、のちに明智秀満に再嫁する） 村重方の中川清秀の茨木城の攻略に向かい、清秀を帰順させる（11月） 秀吉に加勢して村重方の三田城を攻め、これを落とす（12月）
天正7年（1579）	光秀、波多野一族の籠る氷上城を攻略する（5月） 八上城を攻略し、降伏した波多野秀治らを安土に送る（6月） 内藤氏の居城・八木城を攻め落とす（6月） 宇津頼重の籠る宇津城を攻略し、続いて赤井氏の居城・鬼ケ城を攻める（7月） 正親町天皇から丹波国山国庄回復の賞として物を賜る（7月） 細川藤孝と共に一色氏の峰山城（吉原山城）を攻める（7月） 一色義定（義有）の籠る弓木城を攻める（7月） 赤井氏の黒井城を3年半ぶりに攻め、これを落とす（8月） 塩見氏の居城・横山城（福知山城）を攻め落とす（8月） 赤井氏の国領城を攻め落とす（9月） 安土の信長の元に出向き、丹波・丹後の平定を復命、丹波拝領の礼を述べる（10月） 誠仁親王、二条新御所に移る（11月）

天正8年（1580）	光秀、丹波国桑田郡に周山城の築城を開始する 細川氏と一色氏、光秀の仲介で和睦する（8月） 光秀、滝川一益と大和に入り、領主らに指出を命じる（9月） 坂本城に筒井順慶が訪れる（12月）
天正9年（1581）	光秀、坂本城で連歌会、茶会を催す（1月） 信長、京都で馬揃えを催す。光秀、参列する（2月） 里村紹巴、細川藤孝らと天橋立に遊ぶ（4月） 丹波国で破城に従わぬ山家城主・和久氏を成敗する（6月） 信長、丹後の一色義定（義有）の知行を光秀・藤孝に与える（9月）
天正10年（1582）	光秀、安土城で信長に年頭の礼を行う（1月） 信長の甲州征伐に従う（3〜4月） 信長より、安土城での徳川家康饗応の役を命じられる（5月14日） 西国出兵を命じられ、坂本を発し亀山城に入る（5月26日） 愛宕山に参詣、一宿参籠して籤を引く（5月27日） 愛宕山西坊（威徳院）で里村紹巴らと百韻連歌を興行（5月28日） 信長、安土城を立ち入京、本能寺に入る（5月29日） 光秀、亀山城を出陣する（6月1日）

本能寺に信長を攻め、自害させる。続いて二条御所に信忠を攻め、自害させる。山岡景隆が瀬田橋を焼き落としたため、安土城に入れず、夕刻坂本城に入る（6月2日）

近江・美濃をほとんど平定する（6月4日）

瀬田橋が復旧し、安土城に入る（6月5日）

安土城で勅使として訪れた吉田兼見と面会する（6月7日）

上京し、銀子を禁中及び諸寺に献じる。下鳥羽に出陣。細川藤孝・忠興父子に書状を送り参加を求める（6月9日）

河内に向け出兵し、洞ヶ峠で筒井順慶の参会を待つ（6月10日）

順慶出陣せず、洞ヶ峠から下鳥羽に帰陣する（6月11日）

秀吉、摂津へ攻め上り、山崎付近に兵を出す（6月12日）

光秀、山崎で織田信孝・秀吉の軍との戦いに敗れ、勝竜寺城に入る。夜半に脱出し、坂本城へ向かう途上、小栗栖で土民に襲われ、自害する（6月13日）

明智秀満、安土城を出て坂本城に入る（6月14日）

堀秀政、坂本城を攻め、秀満、光秀の妻子及び自分の妻（光秀の娘）を刺殺して自殺する（6月15日）

光秀の屍、本能寺に晒される（6月16日）

40.大聖寺城
石川
富山
N
加賀
34.北ノ庄城
越前
6.一乗谷朝倉館
飛騨
39.龍門寺城
福井
16.金ヶ崎城
若狭
長野
2.大桑城
美濃
17.田中城
7.岐阜城
岐阜
74.大溝城
1.明智（長山）城
3.妻木城
36.岩村城
近江
尾張
滋賀
愛知
三河
伊賀
静岡
伊勢
79.掛川城
三重
80.浜松城
遠江
志摩
※数字は「場」のナンバー

関連城郭位置図

鳥取
因幡
美作
但馬
丹後
64.峰山城
65.弓木城
42.竹田城
63.鬼ヶ城
68.福知山城
71.山家城
兵庫
備前
岡山
丹波
53.上月城
播磨
京都
摂津
55.志方城
54.神吉城
山城
大阪
拡大図
香川
淡路
河内
和泉
大和
46.雑賀城
奈良
徳島
紀伊
阿波
和歌山

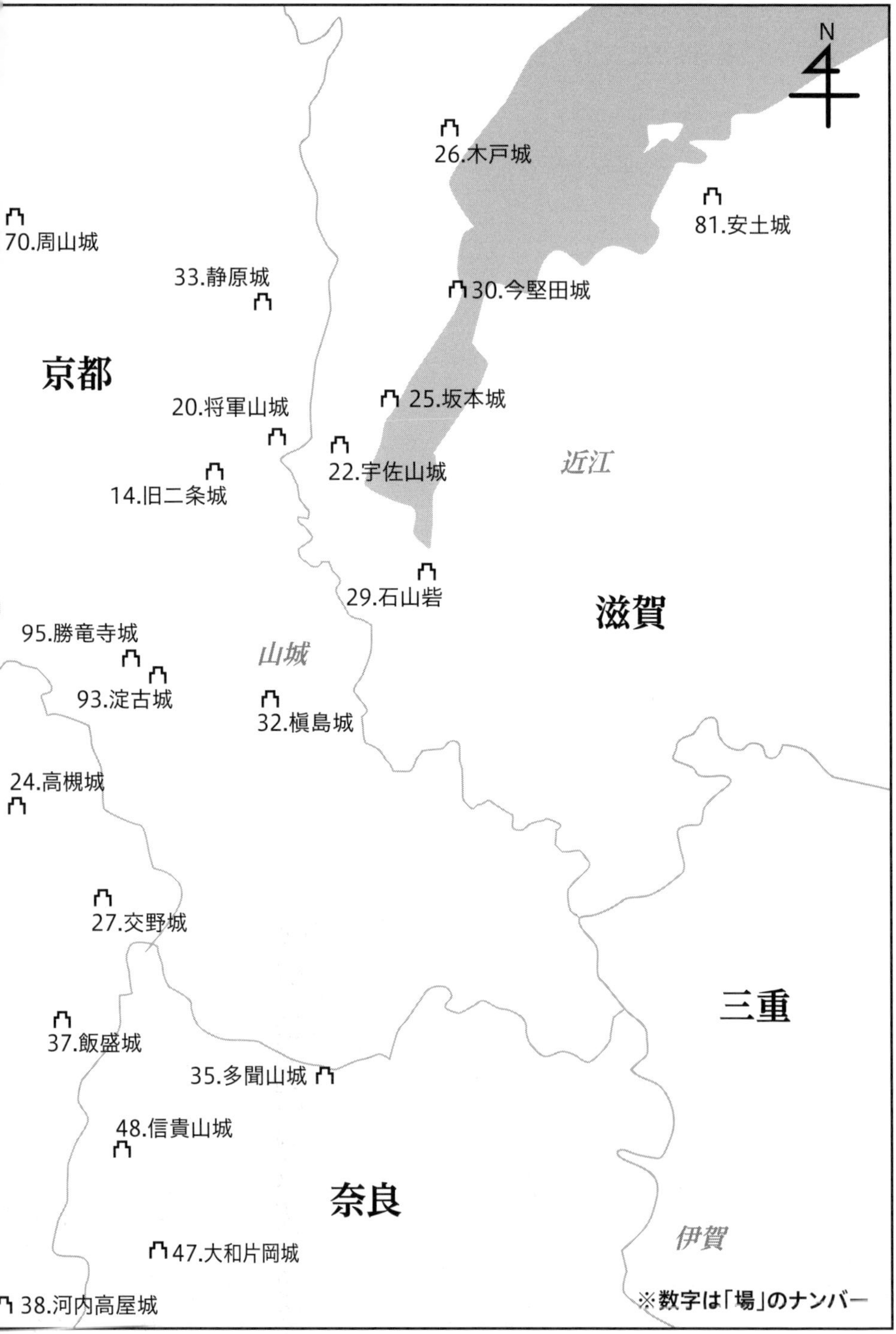
N
26.木戸城
81.安土城
70.周山城
33.静原城
30.今堅田城
京都
20.将軍山城
25.坂本城
22.宇佐山城
近江
14.旧二条城
29.石山砦
滋賀
95.勝竜寺城
山城
93.淀古城
32.槇島城
24.高槻城
27.交野城
三重
37.飯盛城
35.多聞山城
48.信貴山城
奈良
伊賀
47.大和片岡城
38.河内高屋城
※数字は「場」のナンバー

丹波
59.氷上城
43.黒井城
62.宇津城
69.国領城
52.園部城
67.金山城
51.籾井城
61.八木城
41.宍人城
60.八上城
50.余部城
49.亀山城
播磨
58.三田城
摂津
兵庫
57.茨木城
56.有岡城
大阪
19.野田城
45.天王寺砦

関連城郭位置図（拡大図）

明智（長山）城（第一場）

天竜寺から見る明智城址

明智一族の墓（天竜寺）

二の丸跡碑

戦死者を祀る七ツ塚

大手口跡

一乗谷朝倉館（第六場）

足利義昭の安養寺御所跡

井戸跡

南陽寺庭園跡

朝倉義景墓

朝倉館唐門

坂本城（第二十五場）

明智光秀像

坂本城址碑

坂本城落城時の戦死者供養塔（東南寺）

坂本城からの移築とされる來迎寺山門

明智一族の墓所とされる明智塚

信貴山城（第四十八場）

朝護孫子寺の参道

ＪＲ王寺駅から見る信貴山

朝護孫子寺本堂

信貴山城址から望む大和盆地

信貴山頂に立つ城址碑

亀山城（第四十九場）

毎年GWに行われる亀岡光秀まつり

城下町の面影を残す風景

内堀跡と石垣

惣堀土居跡（秋葉神社）

八上城（第六十場）

麓にある春日神社

本丸跡と波多野秀治忠魂碑

本丸跡に残る石垣

八上城址碑

東側から見た八上城址のある城山

主な参考文献

太田牛一（榊山潤訳）『現代語訳　信長公記（全）』筑摩書房、二〇一七年
二木謙一監修『明智軍記』新人物往来社、一九九五年
志村明弘『川角太閤記』勉誠社、一九九六年
ルイス・フロイス（松田毅一・川崎桃太訳）『完訳フロイス日本史3　安土城と本能寺の変～織田信長編～』中央公論新社、二〇〇〇年
金子拓・遠藤珠紀校訂『新訂増補　兼見卿記　第一』八木書店、二〇一四年
大久保彦左衛門（小林賢章約）『現代語訳　三河物語』筑摩書房、二〇一八年
石田晴男ほか編『綿考輯録　第1～3巻』出水神社・汲古書院、一九八八年
京都府文化財保護課編集『京都府中世城館跡調査報告書　第1～3冊』京都府教育委員会、二〇一二～一四年
高柳光寿『明智光秀』吉川弘文館、一九五八年
二木謙一編『明智光秀のすべて』新人物往来社、一九九四年
柴裕之編著『図説　明智光秀』戎光祥出版、二〇一九年
河内将芳『歴史の旅　戦国時代の京都をゆく』吉川弘文館、二〇一四年
河内将芳『信長と京都』淡交社、二〇一八年
小和田哲男『明智光秀と本能寺の変』PHP研究所、二〇一四年
小和田哲男ほか『明智光秀の生涯と丹波　福知山』福知山市役所、二〇一七年
金田章裕ほか『京都を学ぶ【丹波編】～文化資源を発掘する～』ナカニシヤ出版、二〇一八年
塩見弥一『明智光秀ゆかりの地を訪ねて』日本図書刊行会、一九九七年
亀岡市・亀岡市教育委員会『今よみがえる明智光秀とその妻熙子』一九九一年
「歴史読本」編集部『ここまでわかった！　明智光秀の謎』KADOKAWA、二〇一四年

今谷明『**戦国時代の貴族**』講談社、二〇〇二年
水藤真『**朝倉義景**』吉川弘文館、一九八一年
久野雅司編著『**足利義昭**』戎光祥出版、二〇〇三年
戦国合戦史研究会『**戦国合戦大事典　3〜6巻**』新人物往来社、一九八九年
津田三郎『**京都・近江　戦国時代をゆく**』淡交社、二〇〇八年
渡邊大門編『**信長軍の合戦史**』吉川弘文館、二〇一六年
竹内康之『**京へと続く街道あるき**』淡交社、二〇一八年
室井康成『**首塚・胴塚・千人塚**』洋泉社、二〇一五年
岩田貢・山脇正資『**地図で見る京都　知られざる街の姿**』海青社、二〇一九年
京都市『**京都の歴史第4巻　桃山の開化**』京都市史編さん所、一九六九年
峰山町『**峰山郷土史**』中央公論事業出版、一九六三年
綾部市編さん委員会『**綾部市史　上巻**』綾部市役所、一九七六年
芦田確次ほか『**丹波戦国史**』歴史図書社、一九七三年
吉田證『**丹波の歴史**』丹波市研究社、一九六〇年
川上孤山『**増補　妙心寺史**』思文閣出版、一九七五年
村山修一『**比叡山史〜闘いと祈りの聖域**』東京美術、一九九四年
田端泰子『**細川ガラシャ**』ミネルヴァ書房、二〇一〇年
林屋辰三郎・岡本良一監修『**東寺と武将**』真言宗総本山東寺（教王護国寺）、一九七一年
『**戦国武将年表帖　上巻・中巻**』ユニプラン、二〇一一年

あとがきに代えて

本書は、明智光秀の人生劇場の「場」として百一のゆかりの地を取り上げたが、お読みいただいて、少しは光秀という武将の人物像が、心に浮かび上がってきたであろうか。中には本能寺の変の動機について、自分なりの推理を膨らませた方もおられるかもしれない。

もちろん光秀の足跡をすべてカバーできたわけではないので、機会があれば、どんどん補充していただいて、彼の人生劇場の完成度を高めてもらえればと思う。

ここで、私の感想を少し述べておこう。まず感じ入ったのは、光秀の体力のすごさである。「場」の多くは山城で、いずれも小高い山の上にあり、シニア世代の私には、上り下りするだけでも大変であった。こうした山城を光秀は、五十代（あるいは六十代）になってもなお、攻防のために駆けずり回ったのである。心身ともにそのタフさは突出したものであったろうが、しかし、戦に継ぐ戦で、相当疲れをため込んでいたことも、また事実であったろう。

丹波平定を終えた時、光秀は、これでやっと一息付けると安堵したのではないか。ところが、そこへきて信長から、西国への出陣と併せ、出雲・石見へ切り取り次第の転封を言い渡されたのだとしたら、光秀ならずとも、もういい加減にしてよ、と言いたくなるだろう。

今と違って、しんどいから辞める、と簡単に言えないのが、戦国の世である。ここで注目すべきは、光秀の息子たちがまだ低年齢であったことだ。細川藤孝は光秀より年下であったが、息子の忠興と興元はとうに元服して戦で活躍していた。光秀の場合、女子の誕生が続いたため、本能寺の変の時、フロイスが書いているように、嫡男はまだ十三歳で元服も済ませていなかった。しかも、ヨーロッパの王侯のように気品があり、連歌や茶の湯も幼くして嗜んでいたようだから、どちらかと言えば武人向きではない文弱な質であったのかもしれない。

自分がいなくなったあと、息子があの大魔王（信長）の下で、うまく泳いでいけようとはとても思えないと感じていたのなら……。本能寺の変の七日後、光秀が藤孝に出した書状にある、「今回のことは息子たちを取り立てるためで、事態が落ち着いたら、身を引くつもりだ」というくだりは、単なる藤孝へのリップサービスではなく、そのあたりの光秀の心理を表しているように思えてくるのだ。

そして、光秀がそうした個人的な事由から謀反に及んだことを、織田方の武将たちに見透かされていたとしたら、彼らが光秀の味方に付くことに二の足を踏んだことも納得できよう。

もとより、これは私の思い付きに近い「仮説」だが、光秀の足跡を追うことによって、人それぞれが（自分の人生経験に照らして）ああだ、こうだと推理するのは、歴史を楽しむ醍醐味の一つだろう。一人でも多くの方が、この本を片手に歴史の現場を訪ね、その楽しみを享受していただけるなら、私にとってこれほど嬉しいことはない。

最後に、本書執筆に当たり、貴重なアドバイスをいただいた、戦国時代の山城に詳しい八木敬次氏、暑いさ中、山城探索に付き合ってくださった藤田出氏、写真撮影に御協力いただいた足立恭子氏と久山多代子氏に厚く御礼申し上げて、筆をおくこととする。

令和元年　紅葉が色づく頃　京都の自宅にて　　　　鳥越一朗

早春に薄黄色の花を咲かせるヒュウガミズキ。京都府の丹後・丹波地方に自生することから、明智光秀（日向守）にちなんで命名されたともいわれる。

著者プロフィール

鳥越一朗（とりごえ・いちろう）

作家。京都府京都市生まれ。

京都府立嵯峨野高等学校を経て京都大学農学部卒業。

主に京都や歴史を題材にした小説、エッセイ、紀行などを手掛ける。

「1964 東京オリンピックを盛り上げた 101 人」、「おもしろ文明開化百一話」、「天下取りに絡んだ戦国の女」、「恋する幸村」、「杉家の女たち」、「ハンサムウーマン新島八重と明治の京都」、「電車告知人」、「京都大正ロマン館」、「麗しの愛宕山鉄道鋼索線」、「平安京のメリークリスマス」など著書多数。

明智光秀劇場百一場
～「本能寺」への足取りを追う～

定　価	カバーに表示してあります
発行日	2020 年 1 月 1 日
著　者	鳥越一朗
デザイン	岩崎宏
編集・制作補助	ユニプラン編集部
	鈴木正貴　橋本豪
発行人	橋本良郎
発行所	株式会社ユニプラン
	〒 601-8213
	京都府京都市南区久世中久世町 1 丁目 76
	TEL075-934-0003
	FAX075-934-9990
振替口座	01030-3-23387
印刷所	株式会社ティ・プラス

ISBN978-4-89704-490-3　C0021

鳥越一朗の本

1964東京オリンピックを盛り上げた101人
今蘇る、夢にあふれた世紀の祭典とあの時代 〔2018年刊〕

定価 本体1600円＋税　A5判　320ページ

1964年東京オリンピックにおいて、メダルを取った選手ばかりでなく、様々な立場で大会の盛り上げに貢献した101人を取り上げ、その素顔や「その後」にも触れながら、彼らの奮闘ぶりを紹介。

おもしろ文明開化百一話 〔2017年刊〕
教科書に載っていない明治風俗逸話集

定価 本体1500円＋税　A5判　280ページ

異例の短期間で近代化を達成した明治の日本。

洋装、断髪、肉食、廃刀、改暦、苗字許可、学制、鉄道敷設、混浴禁止など…101のとっておきエピソードを収録。

天下取りに絡んだ戦国の女
政略結婚クロニクル 〔2016年刊〕

定価 本体1500円＋税　A5判　280ページ

武田、北条、今川、上杉、織田、徳川、豊臣…有力戦国大名七氏の女56人を一挙紹介。2017年の大河ドラマ「おんな城主直虎」の主人公井伊直虎も歴史物語として収録。

恋する幸村
真田信繁（幸村）と彼をめぐる女たち 〔2016年刊〕

定価 本体1300円＋税　四六判　256ページ

「日本一の兵」と今に伝わる真田幸村は、臆病で引っ込み思案だった!? 激動の時代の流れの中で、多くの女性との出会いと別れを繰り返しながら、戦国武将として成長していく物語。

杉家の女たち
〜吉田松陰の母と3人の妹〜 〔2014年刊〕

定価 本体1300円＋税　四六判　224ページ

2015年大河ドラマ「花燃ゆ」のヒロイン・文をはじめ、吉田松陰の親族として幕末・明治の動乱期を生き抜いた4人の女たちの物語。吉田松陰の母・瀧、妹の千代・寿・文が、逆風に晒されながらも、明るくしたたかに生きていく様を生き生きと描写しています。

絶対絶対めげない男 黒田官兵衛の行動原理 〔2013年刊〕

定価 本体700円＋税　A6判　128ページ

戦国の世、信長、秀吉、家康を向こうに回し、軍師としてしたたかに生き抜いた武将・黒田官兵衛の足跡を辿りながら、彼の行動原理をあぶり出します。世知辛い現代を打たれ強く生きるための極意が、そこに潜んでいることを期待しつつ……。

ハンサム・ウーマン 新島八重と明治の京都 〔2012年刊〕

定価 本体600円＋税　A6判　128ページ

京都に残る明治、大正のレトロな建物などを豊富な写真で紹介しながら、2013年大河ドラマの主人公でハンサム・ウーマンと呼ばれ、数奇な運命を歩んだ八重の足取りを、豊富なエピソードとともに、軽妙な文章で辿ります。また併せて、京都をはじめとした福島・東京・神奈川にある、八重ゆかりの建物・史跡を紹介しております。

平清盛を巡る一大叙事詩 「平家物語」の名場面をゆく 〔2011年刊〕

定価 本体700円＋税　A6判　144ページ

ようこそ無常の世界へ…清盛とその子、孫、姫たち、平家一門の人間ドラマを描く。

茶々、初、江 戦国美人三姉妹の足跡を追う 〔2010年刊〕

定価 本体571円＋税　A6判　128ページ

戦国の世に生まれ、時代の荒波に翻弄されながら、美しくも健気に生きた浅井三姉妹。そのゆかりの地を、豊富な写真とエピソード満載の文章で辿ります。

京都一千年の恋めぐり 〔2005年刊〕

定価 本体1143円＋税　20・8×13・6cm　176ページ

「一千年の恋人たち」の著者が贈る京都歴史ロマン第2弾！歴史ファンの方はもとより、中高大生の方の日本史、古典の参考図書、京都検定受検を目指しておられる方にはきっと役立ちます。

京都のテーマ探しや、より深く知っていただく上での、旅手帳としても最適です。

京都大正ロマン館 〔2006年刊〕

定価 本体1286円＋税　136×210㎜　160ページ

京都再発見の名手が贈る、少し昔の京都の光景。明治・大正・昭和という何故かロマンを駆り立てられる時代を、現在に残る81件の建築物と共に紹介。

軽妙なエッセイと叙情をかきたてる写真たちが、当時の風情を思わせます。

電車告知人
明治の京都を駆け抜けた少年たち 〔2007年刊〕

定価 本体1238円＋税　118×182㎜　256ページ

イラスト 中川 学
「危のおまっせー、電車が来まっせー」と叫びながら、チンチン電車を先導した告知人（先走り少年）たちの愛と友情の物語。

麗しの愛宕山鉄道鋼索線 〔2002年刊〕

定価 本体1543円＋税　18・4×13・2㎝　280ページ

昭和のはじめ、京都の名峰・愛宕山にケーブルカーが走っていたのを御存知ですか？

ケーブル跡の廃墟から70年前にタイムスリップしてしまった少年の、愛と冒険の物語。

平安京のメリークリスマス 〔2001年刊〕

定価 本体1238円＋税　17×11・4㎝　264ページ

現代の高校生が謎解きに挑戦する、京都歴史ミステリー小説。

ザビエル来日より七百年もの昔、平安京の片隅で、秘めやかに祝われたクリスマスの一夜があった？

千年を超える歴史をもつ京都。その時空の威力か、著者の大胆な想像力が躍動する、ロマン溢れる物語。

一千年の恋人たち 〔1997年刊〕

定価 本体952円＋税　18・6×13㎝　288ページ

愛の軌跡を辿って見えてくる都の風景。どのように男と女は愛を生きてきたか。都大路に散りばめられた愛（恋）の軌跡。果たせぬ恋、偏った愛、響き合う愛…。愛（恋）の歴史を歩きたくなる都の道先案内。

平安時代から幕末までの、誰もが耳にした恋人たちの物語を親しみやすい文章で紹介しております。